Selv med
døde fluer
– en bog om
Günter Grass

Selv med
døde fluer
– en bog om
Günter Grass

Redaktion Anne-Sofie Dideriksen

Aarhus Universitetsforlag

© Forfatterne og Aarhus Universitetsforlag

© Steidl Verlag, Göttingen 1993: illustrationer nr. 1-6, 8-13

Bogtilrettelægning og sats: Jørgen Sparre

Omslag: Kitte Fennestad

Omslagsillustration: *Selbst mit toten Fliegen.*

1992. Radering. 39,7 x 30 cm.

Tryk: Narayana Press, Gylling

ISBN 87 7288 888 1

Aarhus Universitetsforlag

Langelandsgade 177

8200 Århus N

Tlf. 89 42 53 70

www.unipress.dk

Udgivet med støtte fra Aarhus Universitets Forskningsfond
og Lillian og Dan Finks Fond

Forord

Hermed tak til bogens forfattere for bidragene til dette bind. En særlig tak skal lyde til Kirsten Molly Søholm for bistand i forbindelse med planlægningen af bogen og med redigeringsarbejdet og til Kirsten Molly Søholm og Walter L. Friedrich for oversættelsen af Dieter Stolz' artikel "'Min gamle Olivetti er vidne'. Lyrikeren Günter Grass' sandfærdige løgnehistorier".

Anne-Sofie Dideriksen

Indhold

Illustrationer

Introduktion

Af Kirsten Molly Søholm og Anne-Sofie Dideriksen

"Ja, ich liebe meinen Beruf" – "ja, jeg elsker mit arbejde". Sådan formulerer Günter Grass sin uforbeholdne glæde over kunsten i den takketale, som han holdt, da han fik overrakt Nobelprisen i litteratur den 7. december 1999 i Stockholm. Hermed blev en af Europas store litterære kunstnere endelig hædret med den pris, som han efter manges mening allerede i 1959 havde gjort sig fortjent til med debutromanen *Bliktrommen* (*Die Blechtrommel*).

I løbet af sin kunstneriske løbebane har han offentliggjort en lang række omfattende prosaværker, som har gjort ham kendt i store dele af verden. Efter *Bliktrommen* fulgte de to andre bind i Danziger-trilogien, *Kat og mus* (*Katz und Maus*, 1961) og *Hundeår* (*Hundejahre*, 1963), der, som titlen siger, har hjembyen Danzig som tema sammenvævet med emner som nazismen, 2. verdenskrig, Tysklands sammenbrud i 1945, flugten til vest og tabet af hjemstavnen. I de følgende årtier fulgte en strøm af prosaværker, der hver gang udløste en voldsom debat, og som ofte blev negativt modtaget af kritikerne, der håbede på en lige så spektakulær verdenssucces som *Bliktrommen*. I dag, hvor de ikke først og fremmest læses som provokerende indlæg i samtidens heftige debat om efterkrigstidens tyske spørgsmål, åbnes blikket for, at mange af værkerne er stærkt eksperimenterende, æstetiske mesterstykker. Her skal fremhæves *Flynderen* (*Der Butt*, 1977), som tematisk er Grass' bidrag til halvfjerdsernes heftige kønsdebat; den kunstfærdigt komponerede lange fortælling *Mødet i Telgte* (*Das Treffen in Telgte*, 1979), hvor barokken genopstår i skikkelse af en forsamling barokpoeter, som diskuterer det tyske spørgsmål; og *Rottesken* (*Die Rättin*, 1986) – Grass' mest apokalyptiske værk, der blev skrevet under indtryk af intensiveringen af den kolde krig og tidens stærke fredsbevægelser. I 90'erne offentliggjorde han den store roman om den tyske genforening, *En længere historie* (*Ein weites Feld*, 1995), som hele nationen havde ventet på, men som den traditionen tro næsten samstemmende tog ham meget unådigt op. Lige før årtusindeskiftet udkom *Mit århundrede* (*Mein Jahrhundert*, 1999), en samling af hundrede små fortællinger om det 20. århundrede.

Men også som dramatiker, lyriker, essayist, billedhugger, grafiker og akvarelmaler er han en bemærkelsesværdig kunstner. Litterært blev han først kendt med farceagtige, grotesk-absurde dramaer, balletter og hørespil som *Hochwasser* (1957), *Onkel, Onkel* (1958), *Die Vogelscheuchen* (1970) og balletten *Fünf Köche* (1959). Særlig omtalt blev det senere stykke *Die Plebejer proben den Aufstand* (1966), hvor Grass kritiserer idolet Brecht for hans passive rolle i arbejderopstanden i Østberlin den 17. juni 1953.

Men kunstnerisk er Grass efter eget udsagn først og fremmest en kombination af digter og tegner. I hans egen formulering: "Jeg tegner altid, også når jeg ikke tegner, fordi jeg lige skriver eller koncentrerer mig om at lave slet ingenting."[1] Kombinerede billed- og lyrikudgivelser har fulgt ham gennem alle årene, begyndende med lyriksamlingen *Die Vorzüge der Windhühner* (1956), som han selv illustrerede med groteske tegninger. Den unge Grass begyndte som billedhugger, idet han efter krigen, efter en turbulent tid med tilfældige jobs, startede i stenhuggerlære i Düsseldorf og året efter lod sig indskrive ved kunstakademiet i samme by for at studere til billedhugger og grafiker.

Grass fremhæver altid, at han selv vægter billedkunsten lige så højt som det litterære – at han er en billedkunstner, der skriver litteratur. Som så mange andre store kunstnere, f.eks. Goethe, Ernst Barlach og Per Kirkeby, er han en typisk dobbeltbegavelse, der forener digtning og billedkunst, de to kunstformer, som ifølge den tyske digter og æstetiske teoretiker G.E. Lessings klassiske kunstteori er væsensforskellige:[2] Maleriet er ifølge hans teori beskrivende, og dets enkeltgenstande eksisterer samtidigt i billedets rum, således at billedkunstens elementer strukturelt placerer sig "nebeneinander" (ved siden af hinanden). Digtningen har derimod handling og tid som modus, og dens enkeltelementer følger efter hinanden, "nacheinander".

Denne skarpe skelnen, som er så typisk for det moderne, negeres af Grass, for hvem digtning og tegning er substantielt ens, er "gråtoner på papir". Han er, som han selv udtrykker det, en tegnende digter og en digtende tegner, og i alle digtsamlingerne sidestiller Grass direkte billede og skrift, ligesom han selv har lavet forsideillustrationer til sine romaner. I den modne og ældre Grass' lyrik- og billedbøger, f.eks. *Mit Sophie in die Pilze gegangen* (1976), *Række tunge* (*Zunge zeigen*, 1988) og *Totes Holz* (1990) ses, hvorledes billede og skrift helt konkret flettes stadig tættere sammen. I den seneste digtsamling *Fund-sachen für Nichtleser* (1997) skaber han genrebetegnelsen "akvadigte", hvor akvarelbilleder og digte visuelt smelter sammen, idet ordene skrives ind i bil-lederne og omvendt, hvor tekst bliver til billede og billede til tekst. Et "lyrisk øjeblik" er med Grass' egne ord altid udgangspunkt for både digtning og bil-lede, og selv en roman som *Flynderen* er for ham ligeledes udsprunget af og strukturelt lig med et lyrisk øjeblik, som her er blevet til 700 sider.

Med sådanne udtalelser ophæver Grass direkte den omtalte klassiske skel-nen mellem billedkunstens ordning af elementerne ved siden af hinanden og skriftens arrangement af elementerne efter hinanden. Denne ophævelse sker til fordel for skriftens og billedets fælles tidsmodus, som han kalder "fornu-fremtid" (tysk: "Vergegenkunft" – en sammensmeltning af de tyske ord "Ver-gangenheit" (fortid), "Gegenwart" (nutid) og "Zukunft" (fremtid)). Hvor-ledes Grass hermed distancerer sig fra det modernes grundprincipper og på én gang griber tilbage til førmoderne og barokke udtryksformer, samtidig med at han i sine fortælleeksperimenter arbejder med postmoderne metafik-tion og med det åbne kunstværks uafsluttelige strukturer, vil blive behandlet i Kirsten Molly Søholms artikel "Selv med døde fluer. Melankoli og allegori hos Günter Grass".

I det store billedværk *In Kupfer, auf Stein* fra 1986, hvor Grass' grafik er samlet (senere opdateret i 1994), præsenteres de væsentlige dele af det grafi-ske værk, som med dets udstrakte brug af groteske og manieristiske stilfigurer hører til noget af den mest interessante og særprægede grafik, der er skabt i efterkrigstidens (Vest)Tyskland. Grass er provokerende "sær" for sit publi-kum, læsere som betragtere, og en del af sigtet med nærværende bog er da også gennem en analyse af hans specielle billedverden at forsøge at skabe tilgang til værket – at åbne for den æstetiske glæde ved hans mærkelige, private emblemverden, bestående af genkommende figurer som rotten, svampen, flynderen og tudsen. Et emblem er en barok kunstform, der består af både billede og tekst, og hvor genkommende figurer optræder i forskellige kombinationer. I Grass' emblemverden er enkeltdelene uorganisk sammenstillet, og han arbejder med sanseligt-materielle former, som er suverænt og artificielt konstrueret. I denne bogs artikel "'Skrive og tegne med samme blæk'. Om skrift og billede hos Günter Grass" af Kirsten Molly Søholm er det netop denne konstruktionsproces i skrift og billede, som sættes stævne og bestemmes som en videreudvikling af den emblematiske repræsentationsform. Anne-Sofie Dideriksens artikel "'Jeg tegner, hvad der bliver tilovers'. Grafikeren Günter Grass" fokuserer på grafikkens stil og æstetik, og konsekvenserne af de faste figurers optræden både i billedkunst og litteratur betragtes nærmere.

Günter Grass' forhold til den tyske offentlighed er et kapitel for sig. Hvert nyudkommet prosaværk bliver først og fremmest læst med henblik på, hvad det udsiger om Tysklands problematiske historie i det 20. århundrede. Heri er han på ingen måde uden egen skyld, idet han i den tyske offentlighed optræder som den altid vågne moralske og politiske kommentator og gerne giver den som nationens samvittighed. Udsigten fra elfenbenstårnet har aldrig været Grass' horisont.

Fra *Bliktrommen*, over genforeningsromanen *En længere historie* og til *Mit århundrede* følger han Tysklands og Europas historie i det 20. århundrede til dørs. Han fødtes i 1927 i Danzig, som dengang var en fristad under Folkeforbundet med en langt overvejende tysktalende befolkning, og som nu er den polske by Gdansk. Han mærkede det nationalsocialistiske styre og 2. verdenskrig på sin krop og har lige siden *Bliktrommens* ætsende billede af Tysklands historie i århundredets første halvdel været dybt engageret i politiske, sociale og historiske spørgsmål. I essays og politiske taler tager han atter og atter stilling til politiske og moralske spørgsmål. For kunstneren Grass er det en forpligtigelse at være på tværs af og engageret i sin tid, som han i 1986 formulerer det i talen om forfatterens rolle, "Als Schriftsteller immer auch

Zeitgenosse".[3] Specielt i tiden omkring genforeningen blev hans taler og omstridte skrifter udgivet i hastigt tempo. Hans plaidoyer for en mere besindig genforeningsproces, end den som Kohl lagde an til at sætte i gang, skabte en del røre.

Grass har således lige siden udgivelsen af *Bliktrommen* været en både elsket og forhadt figur i den tyske offentlighed. Allerede den unge Grass' Danziger-trilogi indbragte ham ry som en blasfemisk, pornografisk, tabubrydende provokatør og blev forbudt af censuren i DDR. Siden da har en mediestorm ledsaget offentliggørelsen af de fleste af hans værker: Med romanen *Flynderen* gjorde han sig i halvfjerdserne forhadt blandt de tyske feminister på grund af dens dybt ironiserende og karikerende tema: et tribunal af feminister, som sætter sig til doms over mændenes historie. Samtidig gjorde hans politiske engagement for Willy Brandts SPD, beskrevet litterært i *Af en snegls dagbog* (*Aus dem Tagebuch einer Schnecke,* 1972) ham til genstand for mange angreb fra den konservative del af befolkningen. Størst raseri siden *Bliktrommen* fremkaldte dog *En længere historie,* som opnåede den tvivlsomme ære at blive sønderrevet af Tysklands kendteste kritiker, Marcel Reich-Ranicki, på et billede på forsiden af *Der Spiegel.* Vreden over Grass' kritiske holdning til den tyske genforening overskyggede fuldstændig for en betragtning af bogen som et kunstværk. I artiklen "'For ham ville det, som engang havde været, ikke tage ende'. Om historisk fortælling hos Günter Grass" forsøger Anne-Sofie Dideriksen at betragte bogen som et sådant.

Grass' værker er derimod altid blevet modtaget overvejende positivt i Danmark, og i 1996 fik Grass overrakt Sonningprisen. Siden 1977 har Per Øhrgaard stået for oversættelsen af Grass' værker til dansk, og i artiklen "Günter Grass og hans oversættere. En kort og ufuldstændig beretning om en hjemmeindustri" får man et indblik i, hvordan den særegne forfattertype Grass involverer sig i oversættelsen af sine værker – som en snedker, der arbejder videre på et solgt bord.

Også *Mit århundrede* blev generelt unådigt modtaget i Tyskland; den gav jo ikke tyskerne den samlende, identitetsgivende fortælling om deres problematiske historie i det 20. århundrede, som man ubevidst havde ventet – og krævet – af landets største forfatter. I stedet præsenterede Grass sine læsere for en symfoni af indbyrdes usammenhængende og modstridende stemmer, som i hundrede små fragmenter – et for hvert af århundredets år – negerede det modernes drøm om den gyldige, sammenhængende historiefortolkning. Dieter Stolz redegør i sin artikel "'Tyskland – et litterært begreb'. Günter Grass og det tyske spørgsmål" for denne vigtige side af personen Grass; for hans problemfyldte, men altid dybt engagerede had-kærlighedsforhold til efterkrigstidens Tysklande, et forhold der blev særlig aktuelt omkring genforeningen. Stolz følger Grass' visioner for Tyskland som en kulturnation fra han udvikler dem i 60'erne og op til tiden omkring genforeningen, visioner, som ikke har ændret sig mærkbart i 90'erne: Senest i år 2000 har Grass slået til lyd for kulturnationen igen.[4]

Men ved siden af dette vågne blik på sin samtid er Grass som nævnt først og fremmest en bevidst arbejdende kunstner. Vist er han en kritisk provokatør og et voldsomt kunstnerisk naturtalent, en digterisk "naturkraft", som en yndet kliché lyder. Grass er genial, men ikke "geni" i det 18. og 19. århundredes forstand. Dertil er det omhyggeligt kalkulerende og konstruerende i hans værker et for tydeligt grundtræk. Kunst er for Grass først og fremmest kunnen, *ars*, i modsætning til geniæstetikkens opfattelse af kunst som individuel, genial kreation, som i Tyskland blev formuleret paradigmatisk med Goethes værk *Den unge Werthers lidelser* (1774) og i Danmark af Johannes Ewald i *Levned og Meninger* (1775). For Grass er kunst i både skrift og tegning båret af den håndværksmæssige kunnen; på fortælleplanet udvikler han f.eks. en stadig større suverænitet og grad af konstruktion, der kulminerer i *Mit århundredes* mangestemmige, sublimt komponerede kor af fortællestemmer. I den grass'ske verden, hvor kulturens tegn fremstår ekstremt ambivalente og bevægelige, er formaspektet af største vigtighed, hvilket vi ser et yderligere godt eksempel på i digtsamlingen *Novemberland* (1993), som kombinerer en vanitaspræget, fragmenteret forfaldsverden med en rimet og metrisk bundet sonetform.

Med et sådant kunstsyn griber Grass som sagt bag om geniæstetikkens kunstopfattelse, som har domineret den europæiske kultur fra det sene 18. til langt op i det 20. århundrede og knytter an til den lange europæiske *ars*-tradition, som nåede sin seneste fulde udfoldelse i barokken, men som i anden halvdel af det 18. århundrede blev afvist som kunstig og unaturlig. I dag oplever den en renæssance med den stigende interesse for retorik, nybarok, metrik og ikke-subjektivistiske repræsentationsformer som emblematikken. Grass' værk er fyldt med henvisninger til og inspiration fra renæssancen og barokken: den emblematiske tradition, skælmelitteraturen, den tyske barokdigter Grimmelshausens værker og dennes litterære figurer, løgnehistorie-genren, den høvisk-historiske romans narrative strukturer og hans store forbillede Rabelais som repræsentant for den europæiske, førmoderne latterkultur.

Interessant er her, at denne griben tilbage til førmoderne repræsentationsformer og bekenden sig til den retoriske *ars*-tradition hos Grass går hånd i hånd med et stærkt politisk og historisk engagement. Det modernes grundmodsætning mellem åbenlys artificialitet og subjektivt engagement gælder ikke for Günter Grass.

Som en afslutning på præsentationen af kunstneren Günter Grass synes det indlysende at lade ham selv komme til orde: Da Grass i 1999 modtog Nobelprisen i litteratur, gav han i sin takketale en udførlig karakteristik af sig selv og sit værk. Som stærkt reflekteret og også teoretisk velbevandret kunstner formår Grass som oftest at definere sin kunstneriske praksis lige så godt, om ikke bedre end de litteraturvidenskabelige specialister, de analyserende og fortolkende germanister og kritikere, som han har et udpræget had-kærlighedsforhold til. Hans til tider humoristisk fremførte aversion mod hans fortolkere ses tydeligt i talen fra 1994 "Über das Sekundäre aus primärer Sicht",[5] hvor han gør opmærksom på, at uden ham ville kritikerne være "arbejdsløse socialtilfælde". Men med alvor peger han på faren i, at det sekundære, altså kritikken, begynder "at optræde som originalen", og finder på ingen måde behag i den teoretisk udbredte påstand om, at forfatteren bag værket og forfatterens bevidsthed i værket ingen betydning har. I Nobelpris-talens selvfremstilling kommer den 72-årige forfatter og billedkunstner ind på de aspekter, som han selv betragter som helt centrale for sin kunst, nemlig liv, politik, historie og poetik.

Grass har – til mange kritikeres store utilfredshed og frustration – aldrig skrevet en selvbiografi, skønt det op mod årtusindeskiftet næsten blev et "folkekrav" i den tyske kulturelle debat. Heller ikke i Nobelpris-talen "Fortsetzung folgt" (1999)[6] præsenteres vi for en sammenhængende fortælling om hans liv – noget som for øvrigt ville stride mod kunstneren Grass' øvrige litterære praksis med at afvise den gyldige, sammenhængende fortælling. Dog stiller han i denne tale skarpt på spørgsmålet om, hvordan han blev "forfatter, digter, tegner" og hvilke ting i hans liv, der fik betydning for dette valg.

Hans første litterære forsøg skyldes ironisk nok den nazistiske drengeorganisation Hitler-Jugend, som han var medlem af; den 12-årige deltager i en romankonkurrence, men ødelægger her sit eget plot, idet han med sin overstrømmende fantasiproduktion og ungdommelige begejstring for action lader alle hovedpersoner dø en voldsom død, inden det første kapitel er afsluttet.

Forudsætningerne for hans kunstneriske løbebane er, fremhæver han videre i talen, drengens dagdrømme, lyst ved ordspil, vitser og løgne, hans læseiver og den kassubiske arv fra "moderen, som elskede alt smukt".

Nøgleoplevelsen og det, der skaber de store stofmasser, som presser sig på for at blive fortalt, bliver imidlertid "politikkens voldsomme indbrud i den familiære idyl": Som 15-årig oplevede han krigsudbruddet og den efterfølgende forfølgelse af sine polske og kassubiske slægtninge, som i flere tilfælde havde døden til følge; han "kom i uniform, lærte som 16-årig frygten at kende, kom som 17-årig i amerikansk fangenskab, blev frigivet som 18-årig", blev sortbørshandler i forbindelse med sammenbruddet efter krigen og oplevede flugten fra Danzig, kom dernæst i stenhuggerlære og senere på kunstakademiet og begyndte at skrive dramaer og digte. "Ødelæggelsen og tabet af min hjemstavn Danzig" ved de ca. 300.000 tyskeres flugt og fordrivelse derfra i 1945 blev hans ungdoms altdominerende oplevelse og "frisatte en episk stofmasse", som udmøntedes i romanen *Bliktrommen*.

Med bemærkningen: "Siden den tid er jeg en omstridt person", afslutter Grass lakonisk sin beskrivelse af sit liv i Nobelpris-talen. Uden tvivl har ungdommens voldsomme oplevelser – nazismen, krigen (som drengen Grass indtil 1945 troede var en retfærdig krig), Holocaust, Danzigs ødelæggelse og flygtningefamiliernes oplevelser ved fordrivelsen – præget Grass' bevidsthed varigt og været bestemmende for hans videre liv, politisk såvel som kunstnerisk.

Et andet væsentligt tema i talen er politik. Theodor Adornos dogme "at skrive et digt efter Auschwitz er barbarisk" var uomgængeligt for den unge generation af tyske forfattere, som Grass tilhørte i 1950'erne. Men Grass skriver alligevel – oven i købet digte. Men han føler sig på alle måder dybt forpligtet over for Adornos diktum. Auschwitz er for ham en altafgørende oplevelse, som aldrig må glemmes, og den lære, Grass og hans generation drager deraf, er forpligtelsen til at afsværge al ideologisk stivhed og alt sort-hvidmaleri til fordel for tvivl, skepsis og "mangfoldighed af gråværdier", som hans kendte formulering lyder. I en sådan historisk situation skal digteren "pålægge sig selv askese", destruere alle inderlighedsklichéer og gøre op med 50'ernes restaurative og apolitiske tyske (og europæiske) kultur. Digteren skal "holde såret åbent og være historiens hukommelse". Uden denne historiske kontekst, siger Grass, ville han hælde til æstetisk leg, spil samt skurrile udtryksformer og påfund, og han karakteriserer dermed indirekte den anden væsentlige side af værket: artisteriet, ironien, humoren og latteren, den suverænt konstruerende kunstvilje.

I modsætning til nutidens apolitiske trend, som han ved enhver lejlighed veloplagt polemiserer mod, har Grass gennem alle årene bekendt sig ubestikkeligt til kunstnerens rolle som ansvarlig borger i betydningen *citoyen* med ret til politisk indflydelse som alle andre samfundsborgere og med et særligt ansvar for at bruge det medie, skriften, som han behersker bedre end de fleste andre. Arven fra Bertolt Brecht, Heinrich Mann og Heinrich Heine er her tydelig. Forfatteren er i Grass' forståelse altid på tværs af magten, er subversiv, idet han "spytter i de mægtiges suppe". Litteraturen ved, at sandheden såvel som virkeligheden altid kun eksisterer i flertal, og dens insisteren herpå er farlig for "den, der vogter én sandhed". Grass bekender sig hermed åbent til samme aktivt demokratiske selvforståelse som de åndsbeslægtede forfatterkolleger Milan Kundera og Salman Rushdie, for hvem dialogicitet og pluralitet er en grunderfaring, der er determinerende for kunsten, og som ligesom Grass ofte benytter sig af latterens og groteskens mangetydige form.

Forfatteren allierer sig ifølge Grass "med historiens tabere", og selv nu, "hvor historien proklameres sluttet, og hvor kapitalismen har sejret globalt ... fortæller kunsten videre om sulten". Akkurat som Grass selv gør det i bogen med tegninger og digte fra sin rejse til Calcutta i 1988, *Række Tunge*, hvor den indiske gudinde Kalis skamgebærde, at række tunge, pryder forsiden i Grass' voldsomme sorte streg og benyttes emblematisk for den rige verdens skam over nøden blandt verdens fattige.

I nøje sammenhæng med denne opfattelse af forfatterens rolle står den historieforståelse, han formulerer i Nobelpris-talen: I opposition til dogmet om historiens død/posthistorien er litteraturen det medie, "der fortæller uendeligt videre" – deraf titlen på Nobelpris-talen "Fortsetzung folgt" – som beretter om historiens bagside og lader historiens tabere komme til orde. Grass omtolker den berømte Sisyfosmyte, idet digterens bøn er, at Sisyfos' sten aldrig må blive liggende, men altid skal væltes videre, at historien aldrig kommer til ende, til én sandhed. Det er historisk sket i manges øjne, når "kapitalismen sejrer, og historikerne fejrer posthistorien", men netop i denne situation "står litteraturen i høj kurs" for Grass. Selv når litteraturen altså i mediesamfundet proklameres ude af stand til at have en virkning på folk, bekender Grass sig til litteraturen som det medie, der fortæller videre om historiens bagside: "Jeg er en bekendende ignorant, gammeldags bedriver jeg et gammeldags erhverv; når litteraturen trænges ud i yderkanten af kulturen, bliver den atter subversiv". På samme måde polemiserer Grass mod posthistoriens udbredte ironiske "spøgkultur" og dens krav om positive helte og uforpligtende lethed. Samtidig er Grass imidlertid med sin insisteren på litteraturens uophørlige viderefortællen af historien helt på forkant med nutidens narrative eksperimenteren med fortællingens a-lineære tidsmodus og det åbne kunstværks poetologi.

Men mest handler Nobelpris-talen om Grass' poetik. Ligesom hans billedkunst er præget af en sanselig-materiel visualitet, betoner han atter og atter skriftens sanselige kvalitet, dens mundtlighed. Som læremestre nævner han Luther med hans Bibeloversættelse, den tyske forfatter Alfred Döblin og Herman Melville. Sprog er for Grass et spørgsmål om materialitet og kommunikation, ikke metafysik.

Grass fremhæver litteraturens orale udspring fra Homer, Biblens fortæl-
linger til helte- og gudehistorier. Når litteraturen læses op – og Grass er en
ivrig oplæser af sine værker og har f.eks. indtalt *Bliktrommen* på hele 23 cd'er
– "lever det litterære værk", og han "lader kun det komme ned på papiret,
som har bevist sin klang og sit ekko, når det bliver udtalt".

Her kan ses en parallel til Walter Benjamins opvurdering af den mundt-
lige fortæller på bekostning af skriftkulturens romancier og Hans Magnus
Enzensbergers pris til analfabetismen. Fælles for disse tre diagnoser er følelsen
af, at den modsætning mellem kunstarterne, som er udviklet, siden skriften
blev det dominerende medie fra omkring 1600, er begyndt at blive fortrængt
af den elektroniske medieverdens integrerede udtryksformer. Grass' dobbelt-
begavelse som tegner og skribent gør ham særligt egnet til at deltage i den
omdefinering af forholdet mellem kunstarterne, især skrift og billede, som
diskuteres i nutidens æstetiske teorier, f.eks. W.J.T. Mitchells *Picture Theory*
(1993). I samme kontekst skal formodentlig også Grass' bestræbelser på (atter
ligesom Enzensberger og Benjamin) at knytte an til den på én gang verbalt og
visuelt prægede barokdigtning ses.

Ved siden af sin bekenden sig til sprogets materialitet fremhæver Grass
(atter ligesom Rushdie) den maurisk-spanske pikareske romantradition som
sin store kilde til inspiration. Denne genre er for ham "fallittens krønike", er
humor skrevet på baggrund af fortvivlelse. "Komedie og tragedie går her
hånd i hånd"; med sådanne definitioner ser vi Grass' forkærlighed for de
heterogene formers flerstemmighed og ambivalens, som den tydeligt anti-
klassicistiske forfatter han er.

Også latteren er en sådan heterogen udsigelse, og et centralbegreb hos
Grass er "helvedslatteren" – den store udleen, karnevalismens grundgestus.
Grass er måske den største humorist i efterkrigstidens tyske litteratur; han
bekender sig eksplicit til forbilleder som de moderne tyske forfattere Heinrich
Böll og Thomas Mann og til ældre humorister som Jean Paul, Cervantes,
Grimmelshausen, Voltaire og Sterne. Han ser sig dermed, som før nævnt,
bevidst som direkte repræsentant for den europæiske latterkultur, som har
Rabelais som sin fornemste repræsentant.

Ligeledes er løgnen et væsentligt begreb for Grass, men "løgn" forstået som æstetisk kategori og ikke moralsk. Digtning er altid løgn, og dens fortæl-linger er altid subversive: "Han, pikaroen, indfangede verden og dens geskæf-tighed i konkav- og konveksspejle. Han bragte selv denne verdens mægtigste til at danse", som Grass siger i talen "Literatur und Geschichte" (1999).[7] Allusionen til det berømte kapitel "Tribunen" i *Bliktrommen,* hvor dværgen Oskar med sin trommen opløser nazisternes marchkolonner og med wiener-valsens rytmer udløser en løssluppen folkefest, er klar. Løgnetemaet uddybes på sproglig virtuos vis i denne bog med Dieter Stolz' essay "'Min gamle Olivetti er vidne'. Lyrikeren Günter Grass' sandfærdige løgnehistorier", hvor Stolz behandler løgnens funktion i lyrikken.

Om sin litterære stil siger Grass, at han er "en manierist af første karat"; pikaroens konveks- og konkavspejle "holder kikkerten omvendt ... stiller den ordnede verden på hovedet". Inspirationen fra karnevalismens krops-, latter- og grotesktradition med den grundlæggende figur den omvendte verden er åbenlys.

En sådan stil, der "trækker på alle registre", udspringer af viljen til at skabe en fortællen, som "svarer til de monstrøse stofmasser, som trænger sig på". For Günter Grass kommer klassicismens klare, homogene former til kort over for det 20. århundredes virkelighed – og i særdeleshed den tyske virkelighed, hvorfor han bevidst bekender sig til den europæiske grotesktradition med dens dobbelttydige forening af latter og gru, af fantastik og realisme.

Günter Grass er både kunstnerisk og teoretisk en stor intellektuel kapacitet. Med en selvfremstilling som i Nobelpris-talen har han givet en konsekvent og sammenhængende beskrivelse af sig selv som kunstner, politiker og borger og lagt mange, ofte drilske, spor ud for sine fortolkere. Vi vil med denne bogs 7 artikler forsøge at tage nogle af dem op.

NOTER

1] Günter Grass: "Bin ich nun Schreiber oder Zeichner" i: Günter Grass: *Werkausgabe* (Volker Neuhaus og Daniela Hermes, udg.). Göttingen 1997, bd. 15, s. 498.

2] G.E. Lessing: *Laokoon: Oder über die Grenzen der Mahlerei und der Poesie*. 1766.

3] Grass: *Werkausgabe*, bd. 16, s. 177-187.

4] *Süddeutsche Zeitung*, 29. juni. 2000.

5] Grass: *Werkausgabe*, bd. 16, s. 405-411.

6] De følgende citater uden henvisninger er fra Nobelpris-talen. Talen er trykt sammen med endnu en tale, "Literatur und Geschichte", som Grass holdt i anledning af, at han havde modtaget den prestigefyldte spanske Prins af Asturien-pris. Begge i: Günter Grass: *Fortsetzung folgt ... Literatur und Geschichte*. Göttingen 1999.

7] Følgende citater uden henvisninger er fra denne tale, se note 6.

"Skrive og tegne med samme blæk"[1]
Om skrift og billede hos Günter Grass

Af Kirsten Molly Søholm

På to forskellige måder forsøgte jeg at tage den barokke emblematiktradition op. Når den tegneriske inspiration gik forud, udløste skriveprocessen varianter i tegninger. Begge discipliner befrugtede hinanden. Mod-sætningen mellem at tegne og at skrive ophævedes ved gestaltningen af en billedlig forestilling, som, når den blev omsat til ord, fik karakter af tegning, og som skulle forstås som ord, når den blev tegnet … Måske er det kunstens oprindelse, fra billedsprog til billedskrift, der minder om, at vores klassiske inddeling og afgrænsning af kunstarterne er af yngre dato og udelukket er ledet af akademisk interesse.[2]

Spørgsmålet om relationen mellem skriftens og tegningens "fortællemodus", mellem den verbale og den visuelle repræsentationsform, som siden Lessings diktum i *Laokoon* (1766) gennem hele det 19. og store dele af det 20. århundrede er blevet opfattet som væsensforskellige, er et af de teoretisk mest centrale for den kunstneriske multibegavelse Grass. Han startede sin karriere efter 2. verdenskrig som jazzmusiker, billedhugger, grafiker og tegner og har siden da arbejdet med alle de forskellige kunstneriske former. Dette forhold præger hans tænkning dybt og står bag hans konstante eksperimenter med tegningens og skriftens muligheder.

Hans interesse for senrenæssancens og barokkens allegorisk-emblematiske form, der i sig forener skrift og billede, er udtryk for, hvorledes han – som ved fascinationen af den pikareske tradition og den Rabelaiske groteskkunst – i sin kunstneriske selvforståelse søger bag om den klassisk-romantiske kunstperiode og den Lessingske skelnen, som han i citatet affærdiger som "udelukket ledet af akademisk interesse". Ser man på hans tegninger, fremgår det også tydeligt for en umiddelbar betragtning, at hans billedkunstneriske inspirationer er at finde andre steder end i det 19. århundredes romantiske og realistiske udtryksformer. Der er stærke mindelser om Hieronymus Bosch's og Breughels detaljerede grotesker, om Albrecht Dürers grafiske værk fra omkring 1500 med de minutiøse, skarpe skraveringer, men også om Max Beckmanns og Otto Dix's teknisk perfekte, groteske træsnit og tegninger fra 1920'erne.

I anden halvdel af det 18. århundrede blev skriften med bogen, tidsskriftet, afhandlingen, brevet og dagbogen det dominerende medie, og den verbale og den visuelle repræsentationsform blev uddifferentieret på en måde, der førte til, at den gamle debat om forholdet mellem poesi og maleri blev nyformuleret. Eksemplarisk herfor er Lessings distinktion mellem maleriets modus af "nebeneinander" (ved siden af hinanden) og litteraturens "nacheinander" (efter hinanden) i *Laokoon* (1766).[3] Gennem det 17. og 18. århundrede var forholdet mellem de to kunstarter blevet diskuteret heftigt – af blandt andre Diderot, Shaftesbury og Winkelmann – og Lessings skrift betød den endelige og mest konsekvente præcisering af en tænkning, der lå latent i tiden. De to kunstarter er for Lessing væsensforskellige med hensyn til både indhold og mimetiske teknikker. Maleren arrangerer farver og figurer ved siden af hinanden i rum, mens digteren er henvist til skriftens betingelser, der lader ordene følge efter hinanden i tid. Maleriets genstand er derfor kroppe og ting, mens poesiens er handling. Denne skelnen er for Lessing ikke neutral; allerede i forordet tager han afstand fra det "allegoristeri", som ifølge ham karakteriserer den visuelle kunst, og ordkunsten hierarkiseres som den højeste og mest abstrakte og skal befri sig fra maleriets indflydelse:

De [digterne] skal ikke gøre maleriets behov til deres rigdom. De skal ikke betragte de midler, som [maler-]kunsten har opfundet for at holde trit med poesien, som fuldkommenheder, som de skulle have årsag til at være misundelige på.[4]

Den store gennemslagskraft, som Lessings skrift fik, viser at spørgsmålet om repræsentationsformernes indbyrdes forhold stiller sig anderledes ved indgangen til den klassisk-romantiske tid end i den foregående baroktid, hvor det visuelle og det verbale bliver set som to ligeværdige udtryksformer, der perciperes og forstås på samme måde, og som komplementerer hinanden. Som det atter bliver tilfældet hos Grass og store dele af nutidens repræsentationsformer.[5]

Traditionen for at se lighederne og ikke forskellene mellem de to repræsentationsformer er lang: Såvel det græske *graphein* som det latinske *scribere* betyder på én gang *ridse, skrive* og *male* og markerer derigennem både et fælles funktionsrum og fælles teknikker for de to medier, noget der kommer tydeligt frem ved de ægyptiske hieroglyffer, som på én gang er tegning og skrift. I antikken blev forholdet mellem de to kunstarter genstand for mange teoretiske overvejelser og forsøg på hierarkiseringer. Et centralt eksempel er lyrikeren Simonides' sentens om, at "maleriet er stum poesi, men at poesi er et talende maleri"; også for Platon var alle billeder – digtningens, maleriets osv. – strukturelt ens og af samme karakter, nemlig bedrag, en tanke der var begrundet i hans metafysik, ifølge hvilken alle kunstneriske billeder var sekundært skin i forhold til idéverdenens egentlige "urbilleder". Med Horats' *Ars poetica* (14 f.Kr.) formuleredes princippet *ut pictura poesis* (en digtning er som et maleri), men helt uden Platons mistro til billedet, og denne sentens blev omdrejningspunkt for store dele af debatterne i de følgende århundreder.

Ved de middelalderlige klostres værksteder, hvor man arbejdede med at fremstille håndskrifter af bøger, blev arbejdet som *pictor* og *scriptor* betragtet som håndværk og som regel udført af samme person – et væsentligt forbillede for Günter Grass, der altid betoner det håndværksmæssige i sit arbejde. I middelalderlige manuskripter tenderer, som i Grass' værker, skriften mod billedet og billedet mod skriften, udtrykt i for eksempel initialer og store begyndelsesbogstaver, som hyppigt er små ikonografiske kunstværker.

Omkring renæssancen reaktualiseres kappestriden mellem billede og poesi. For eksempel opvurderer Leonardo da Vinci maleriet og synet på bekostning af ordet og hørelsen (at ordet knyttes sammen med hørelsen, er udtryk for, at litteratur på hans tid endnu overvejende blev oralt formidlet). Denne opvurdering skyldes nok, at maleriet i netop denne periode undergår store forandringer gennem udviklingen af centralperspektivteknikkerne og når et meget højt stade med navne som Leonardo og Michelangelo.

Den følgende baroktid, der ligesom middelalderens håndværksmæssige skrift- og billedproduktion er en stor inspirationskilde for Grass, er præget af stor pluralitet i repræsentationen og af mange hybride blandingsformer, som for eksempel opera, ballet og emblemkunst. Mellem skrift og billede hersker en vis ligevægt; skriften vinder ganske vist stærkt frem med bogtrykkerkunsten, men har ikke opnået den dominerende stilling, som den får i det 18. århundrede. Skrift og billede ses endnu som komplementære medier, der læses og fortolkes på samme måde, og som supplerer hinanden. De barokke figurdigte kan for eksempel ud fra det Horatsiske *ut pictura poesis*-princip karakteriseres som fortællende malerier, ligesom et typisk vanitasstilleben med timeglas, kranie og sæbebobler aflæses som et stumt digt. Følgende citat af den tyske barokdigter G.P. Harsdoerffer (1607-58) illustrerer med sin henvisning til Simonides, hvordan den nævnte uddifferentiering mellem skrift og billede, som ligger bag Lessings formuleringer, endnu ikke gælder i barokkens pluralistiske medielandskab: "Poesien kaldes et talende maleri/ maleriet en stum poesi."[6] At læse og at se manifesterede sig således sammen i skrift og billede og støttede hinanden i stedet for at skabe forskellige perceptioner.

Dette blev først tilfældet i løbet af det 18. århundrede, hvor den skriftkulturelle dominans brød igennem og blev strukturerende for kunst, tænkning og perception, som når Lessing endegyldigt forkaster det gamle *ut pictura poesis*-princip og – modsat Leonardo – nu vurderer skriften/litteraturen højere end billedet.

Sammenlignet med repræsentationsformer som dans, plastik, maleri og grafik er skriftmediet mere abstrakt og usanseligt,[7] og skriftsprogets modus er sammenhængende linearitet og temporalitet, som det ses i den litterære genre, der opstod samtidig med at den trykte bog vandt frem, og som efterhånden blev den vigtigste litterære genre: den moderne roman. For den ekstremt billedbegavede kunstner Grass er det et erklæret anliggende at generobre sanseligheden for romanens skrift, og denne sanseliggørelse realiseres i hans store episke værker gennem bl.a. indføjning af ikonografiske ordfigurer og opløsning af de lineære romanstrukturer til fordel for en rumlig narrativitet.

Det sene 18. og 19. århundredes dannede mennesker fik i modsætning til barokkens brogede mediebillede hovedsageligt deres viden fra bøger; de udgjorde et fællesskab af læsende, og skriftens modus prægede både erkendelsesteori, æstetiske diskussioner og historiefilosofi med dens oplevelse af verden og subjekt som historiserede. Men samtidig begyndte udviklingen af de tekniske billeder – panorama, diorama m.m. – og kulminerede med opfindelsen af fotografiet i 1839,[8] hvilket førte til, at mediebilledet efterhånden og især med det 20. århundredes elektroniske, visuelle medier bliver stærkt pluralistisk som i baroktiden. "We return to the icon", skriver Marshall McLuhan om det 20. århundrede.[9] Allerede Walter Benjamin taler i *Der Ursprung des deutschen Trauerspiels* (1925) om at "de vesterlandske videnskabers uddrivelse af myten ødelægger urtænkningen i billeder", men at "det skrevne [atter] stræber mod billedet",[10] og beskæftiger sig i mange essays med denne billedets voksende indflydelse i kulturen, f.eks. *Die Photografie* (1931) og *Das Kunstwerk im Zeitalter seiner technischen Reproduzierbarkeit* (1935-36).

"Det konkrete, som fra begyndelsen af har bestemt mit arbejde – både når jeg skriver og tegner"[11]

For en skrift- og billedkunstner som Günter Grass, for hvem den Benjaminske "urtænken i billeder" gælder i usædvanlig grad, fremtræder Lessings grundlæggende skelnen mellem maleri og litteratur som nævnt – som han formulerer det i det anførte citat – i stadig stigende grad som en historisk konstruktion "af akademisk interesse". Det bliver for ham et essentielt anliggende atter at forene begge perceptioner i det kunstneriske udtryk og lade dem befrugte hinanden, at sanseliggøre skriften ved at tilføre den billedets anskuelighed. Grass forsøger sågar at overføre skulpturens plasticitet og tredimensionalitet til skriften. Der findes utallige eksempler på, at han gennem brug af usædvanlige materialer anstiller konkrete eksperimenter med at blande kunstformerne: For eksempel indridser han de første sider til romanen *Rottesken (Die Rättin,* 1986) som skrifttegn i våde, ujævne lerplader:

Mærkværdigvis er de første manuskriptsider ikke blevet skrevet på papir, men på hvidt keramisk ler, som jeg havde formet til blade – bølgende og krøllede blade – og som var beskrevet med engobefarve, sort, brændende engobefarve, og som så ud som brændte, ler-brændte manuskriptblade.[12]

Ligeledes arbejder han med at forme papiret, det flade materiale for skrift og tegning, til skulpturer ved at smøre ler ud på det beskrevne papir og derefter forme det plastisk; derigennem kan den usanselige skrift gøres sanseligt perci-perbar og tredimensional:

Nærheden mellem at tegne og at skrive er meget større end mellem den skulpturelle, tre-dimensionelle genstand og skriften. Her var det lykkedes for mig at skabe en forbindelse.[13]

Også den usanseliggørelse, der skete med litteraturen, da den orale formid-ling blev fortrængt af den skriftlige i en lang proces i takt med bogtrykker-kunstens udbredelse,[14] forsøger Grass at kompensere for – helt i overensstem-melse med nutidskulturens stigende vægt på mundtlighed. Ingen anden tysk forfatter er så aktiv som oplæser af egne værker som Grass – både i direkte konfrontation med tilhørere og på cd – og atter og atter betoner han, hvor vigtig sprogets auditive side er for skriften:

Og jeg skriver højt, det vil sige jeg taler hen for mig, mumler sætningerne frem, indtil de ikke blot virker på papiret, men også virker som talte, således at de kan fremsiges og dekla-meres – i erindring om litteraturens orale udspring.[15]

Grass' konkrete eksperimenter med at blande kunstformerne og hans inter-esse for baroktidens emblematiske tradition, der som sin grundstruktur har interaktionen mellem skrift og billede, er da også et symptom på, at *Laokoons* teser bør genskrives under indtryk af nutidens plurale mediebillede med dets integration af de forskellige mediale udtryksformer – den medievirkelighed,

Gestillt

Klare Fleischbrühe
läßt sich leicht einschütten
oder sie da aus
trüb gekochtem
bis sie kommen
...

Die Brust meiner Mutter
war groß und weiß

Milch Schmarotzer

Komplexen kochen
... wenn sie versagt werden sollte.

bevor sie
Flasche
nickel ...
werden sollte.

Männer ... nicht.
Männer schielen heimwärts
...
Männer träumen die bitte Bete
Männer zwischen den Säulen
und immer ... feuchten

Unsere ... Brust ...
du uns ... sie vergessen
immer atmen ... Paris ...
...

Ab und zu sollten alle Männer
öffentlich und ... zittern
bis sie ohne ... Frauen ...
auch nicht ... weinen ... sich ...
auf dem Klo weinen müssen: allein.

som af Norbert Bolz i forlængelse af McLuhan betegnes som "Gutenberg-galaksens ophør".[16] Grass arbejder både i teori og praksis på at udvikle en heterogen repræsentationsform, som hverken er ren visuel eller ren verbal i klassisk forstand, men hvor skrift og billede interagerer med hinanden eller ligefrem vokser sammen. Hvor han som i *ut pictura poesis*-traditionen fokuserer på lighederne mellem de kunstneriske formers repræsentationsstruktur i stedet for, som Lessing, at se og definere forskellene.

Med sådanne træk placerer Grass sig centralt i diskussionen omkring den medierevolution, som har fundet sted i det 20. århundrede, hvor den hidtil dominerende skriftkultur har fået konkurrence af en lang række visuelle og auditive repræsentationsformer som fotografi, film, radio, fjernsyn og computer, og hvor papiret og bogen i stadig større grad er blevet suppleret med de elektroniske medier. Resultatet er en nutidskultur med en stor mangfoldighed og heterogenitet i det kulturelle repræsentationssystem, og multikunstneren Grass er et typisk udtryk herfor. I dag interagerer det auditive, visuelle og verbale med hinanden i hidtil ukendt grad – mest udtalt på computerens billedoverflade med dens blanding af lyd, billede og skrift – og både tænkning, diskurser og æstetik er præget af dette.[17]

Fig. 1. Günter Grass: GESTILLT, *1976. Litografi. 18 x 11 cm.*

Digt-billedet GESTILLT *(Ammet) er fra digtsamlingen* MIT SOPHIE IN DIE PILZE GEGANGEN *(1976/1992). Hele bogen er præget af interaktion mellem skrift og billede. På digt-tegningen skimtes emblemets struktur, som Grass arbejder med igennem hele sit kunstneriske virke:* INSCRIPTIO, *"Gestillt", som er indlejret i tegningen, samtidig med at det gentages som overskrift i teksten;* PICTURA, *der viser det skæggede brystbarn Grass indvævet i tekst-billedet, og* SUBSCRIPTIO, *digtteksten som er strøet ud over bladet. Alle tre elementer gentager tautologisk den samme betydning som i de barokke repetitioner. På billedet væves tekst og billede sammen, idet de enkelte digtstrofer indlejres i moderkroppens og brystbarnets anatomi og på denne måde får en uhyre konkret, materiel karakter. Tekst og billede er samme "gråtoner på papir", og begge er med hånden tegnet på papiret i samme proces. I forhold til det traditionelle emblem kan man iagttage en udvikling hen imod en visuel-verbal udtryksform, hvor billede og skrift ikke mere er grafisk adskilt og vertikalt ordnet, men henviser til hinanden i en gensidig kommenterende bevægelse.*

Günter Grass er med sin "urtænken i billeder" den af de tysksprogede nutidskunstnere, der arbejder mest målrettet med dette spørgsmål, og hans værker kan med rette betragtes som billedlig fortællen og fortællende billeder og skal læses og fortolkes som sådanne. Overalt trænger billedet ind i hans skrift og skriften ind i billedet. Eksemplerne herpå er talrige, som billeddigtet *Gestillt* (Ammet) (fig. 1),[18] hvor grænserne mellem de to repræsentationer ikke kan fastlægges optisk. Når debutromanen *Bliktrommen* (*Die Blechtrommel*, 1959) begynder med en beskrivelse af bedstemoderens "vide skørt",[19] er det en stærkt visuel, tekstlig-ikonografisk konstruktion, der gentages atter og atter romanen igennem, og som med sin rumlige billedkarakter forårsager, at skriftens "nacheinander" kommer til standsning og fortættes til et visuelt billede:[20]

Og der findes billedelementer, som jeg også bygger ind i den skrevne fortælletekst, når jeg har brug for en fermat [standsning, pause]. Når jeg altså siger: nu skal det alt sammen stå stille, på samme måde som når filmstrimlen springer; og så begynder den igen. Også som noget, der tvinger læseren til at indlægge en pause, til at studse, standse op. Denne tegningens mulighed lader sig også overføre som fortælleteknisk moment på den skrevne tekst, på en fortælling.[21]

På samme måde kan de omfattende køkken- og madbeskrivelser i både *Bliktrommen* og især *Flynderen* (*Der Butt,* 1977), hvor skildringer af madopskrifter, dækkede borde, madlavning og spisescener kan strække sig over mange sider i barokt hyperbolske billedophobninger, der bringer enhver handling til stilstand, og som får mange læsere til at lægge bogen til side, ses som "verbale repræsentationer af visuelle repræsentationer".[22] Som ekfraser, hvor der med ord tales om ikonografiske billeder, der minder meget om de overdådige barokke stilleben med køkkengrej, grøntsager, fisk, kød og fugle. Disse ekfraser indlejres i narrationen som en syntese af billedlig fortællen og fortællende billeder og fremviser og tematiserer gennem de sproglige billeders leg med andre (her visuelle) billeder repræsentationen som repræsentation.

Tilsvarende består en lang række af Grass' bøger af både billeder og tekster, for eksempel *Totes Holz*, 1990 (Dødt træ), *Række tunge* (*Zunge zeigen,*

1988) og *Mit århundrede (Mein Jahrhundert*, 1999). Alle hans digtsamlinger er tekst- og billedbøger, hvor billede og skrift med årene knyttes stadig tættere sammen, et træk der kulminerer i hans selvskabte genre "akvadigte" i *Fundsachen für Nichtleser* (Hittegods for ikke-læsere, 1997). Hvert digt får her tildelt en side, og på modsatte side står "akvadigtet", som ikke er en traditionel bogillustration, hvor billedet er underordnet og supplerer teksten, men hvor skrift og billede via akvarelteknikkens opløsning af konturerne helt konkret flyder ind i hinanden og udgør en ubrydelig verbal-visuel enhed af skrift og billede (fig. 2).

Få nutidige forfattere skriver så omfattende og tunge bøger som Grass – sågar efter bogens såkaldte "død" i den elektroniske tidsalder. Men der er på ingen måde tale om en anakronisme, når Grass i en elektronisk tid atter og atter insisterer på papiret som det materiale, hvorpå han i tegning og skrift indridser sine gråtoner. Derimod kan hans værk som helhed, og herunder altså også de voldsomme romantekster, ses som et forsøg på at indoptage nutidens mangfoldige mediebilledes repræsentationsstrukturer i skrift og tegning og derigennem – med sten, ler, papir, pen og skrivemaskine som materiale – udvikle en anskuelig og bevægelig, begrebs- og systemdynamiserende tænkning om verden og dertil svarende hybride litterære og billedkunstneriske repræsentationsformer, der er adækvate i forhold til nutidens komplekse virkelighed. Den voldsomme tilvækst af informationer i informationssamfundet kan ikke rummes af de klassiske medier med deres – siden Lessing – klare grænsedragninger. Derfor udvikles i det sene 20. århundrede stadig flere blandingsformer, blandt andet af skrift og billede. "Grænseformer, som opstår ved hybridisering af medier, er erkendelsesskabende", skriver den tyske medieteoretiker Norbert Bolz om de krav til kompleksificeringen af den kunstneriske repræsentation, som den fremskredne informationstidsalder stiller[23] – krav, som multikunstneren Günter Grass om nogen lever op til.

Når i nutidig kunst *imitatio* er vigtigere end *creatio*, og repræsentation er vigtigere end autentisk naturgengivelse, er det som allerede antydet træk, der leder tanken hen på den historiske barok og bag om den klassisk-romantiske kunstperiode med dens geniæstetik og symbolteori. Ligeledes er både nutidens interesse for simulakrebegrebet og den rehabilitering af allegorien og re-

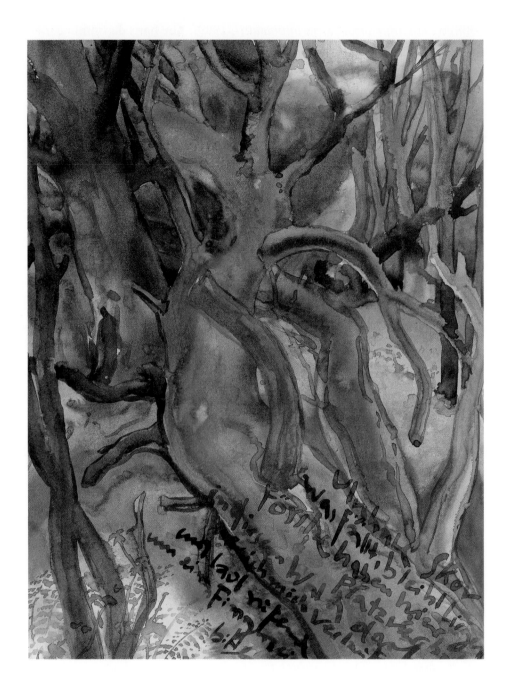

torikken, som først Walter Benjamin (*Ursprung des deutschen Trauerspiels,* 1925) og siden H.G. Gadamer (*Wahrheit und Methode,* 1960), Paul de Man (*Allegories of Reading,* 1979) m.fl. har foretaget i løbet af det 20. århundrede, udtryk for en reaktualisering af barokkens retorisk prægede æstetik. På samme måde minder de vedvarende perspektivforandringer i nutidens kunst – med M.C. Escher som et fremragende eksempel – om for eksempel den mediterrane baroks bevægelige arkitektur, hvor øjet aldrig finder et hvilende punkt.

Som nævnt vedkender Grass sig åbent slægtskabet med barokken, både i sin fascination af emblemets blandingskunst, i sin betoning af kunst som artificielt frembragt (som *ars*) og i genrer som figurdigtet. Hans episke værker er ligeledes overalt fyldt med henvisninger til den barokke kunst: Den trebrystede, svulmende Aua i *Flynderen* kunne være hentet lige ud af Rubens malerier, og groteske figurer i lighed med Rabelais' og Grimmelshausens narre og skælme befolker hele Danziger-Trilogien. Men mere end noget andet er hans stil og fortælleform barok i ordets brede betydning. Narrativiteten er vold-

Fig. 2. Günter Grass: ULVSHALE SKOV. *1997. Akvarel. 31 x 24 cm.*

I de seneste år har Günter Grass genoptaget akvarelmalingen. I FUNDSACHEN FÜR NICHTLESER *(1997) skaber han genren "akvadigt", hvor vandfarven som her lader skrift og billede flyde sammen, og hvor skriften fungerer som linier i billedet (her træets rødder). Det tyske ord "Aquadicht" er uoversætteligt, idet den sidste stavelse "dicht" på én gang associerer til "Gedicht" ("digt") og "dicht" i betydningen "tæt" – måske den tætte forbindelse mellem visualitet og verbalitet.*

I FUNDSACHEN FÜR NICHTLESER *definerer Grass genren på følgende måde i teksten* AQUADICHTE *(s. 68):*

AKVADIGTE
Er vers, som jeg
 ved hjælp af fyldte Tuborgflasker,
  vandopløselige farver,
   mæt pensel
    og med åbent øje fremstiller;
Ak ja, papir er nødvendigt.

somt ophobende og gentagende; de store romaner fra *Flynderen* og *Rottesken* til *En længere historie* (*Ein weites Feld,* 1995) opviser en urolig, aldrig hvilende billedrigdom, der arrangeres i retoriske ophobninger, ligesom i barokkens arkitektur, maleri og litteratur, og bliver i deres narrative mønstre stadig mere kredsende og labyrintiske som de store høviske barokromaner.

Grass kan med sådanne træk ses som en fornem repræsentant for den europæiske manieristiske kunsttradition med dens labyrintiske og flertydige repræsentationsform. Senrenæssancen og baroktiden er – ligesom det 20. århundrede – en af de epoker, hvor denne stil med dens excessive figurer blomstrer.[24] Med Grass' komplicerede fortællestrategier, der spejler det "åbne kunstværks uendelige semiose",[25] og hans udbredte brug af metamorfoser, labyrinter, repetitioner og ophobninger, som ifølge Omar Calabrese er typiske stilfigurer i nutidens neobarokke kultur,[26] er vi ligeledes ved træk, der er karakteristiske for den manieristiske tradition. Hvorledes Günter Grass gennem en manieristisk blanding af skrift og billede skaber en hybrid, neoemblematisk repræsentationsform, som må betegnes som unik, kan ses på billedet *Der Wald* fra 1984 (fig. 3) hvor det ikke længere er muligt at adskille mellem verbalitet og visualitet. Billedet/digtet minder stærkt om de barokke figurdigte, men er samtidig præget af langt større bevægelighed i de grafiske og ortografiske tegn.

Figur 3. Günter Grass: DER WALD. *1984. Litografi. 81,5 x 63 cm.*
Billedet er et godt eksempel på det, som Grass omtaler som at "skrive og tegne med samme blæk".
Med "det, som er helt selvfølgeligt for mig, vekselspillet mellem skrift og tegning" opløser Grass
skellet mellem det visuelle og det verbale og udvikler en hybrid, neobarok repræsentationsform.

Günter Grass' hybride skrift-billedverden:
Der Wald (1984)[27]

Et kunstnerisk produkt som *Der Wald* må betegnes som en excessiv, hybrid form, hvor grænsedragninger mellem kunstarterne er umuliggjort. Er det et digt eller en tegning? Vil man videreføre Lessings kategorier, må man sige, at skellet mellem "nacheinander" og "nebeneinander" her er afløst af noget, man fristes til med reference til kaosbegrebet at kalde "durcheinander" eller "ineinander". Kaotisk turbulens, bevægelighed og integration af skrift og billede er blevet det strukturerende princip.

På det grafiske blad anes det barokke emblems struktur med *inscriptio, pictura og subscriptio* – det emblem, som Grass helt bevidst opsøger for at reformulere billed-skrift-problematikken i sin søgen bag om den idealistisk-romantiske kunstperiode og literalitetens dominans. Men hvor emblemets tre elementer i baroktiden var arrangeret vertikalt og var fast placeret i forhold til hinanden med *inscriptio* øverst, derunder *pictura* og nederst *subscriptio*, er de hos Grass smeltet sammen på ét niveau. Baroktidens fast strukturerede tredeling, hvor skrift og billede kommenterede og gensidigt udlagde hinanden, er opløst i et net af bevægelige og gensidige henvisninger. *Inscriptio* ("Wald" skrevet med store bogstaver på træets rod) er indlejret i *pictura* og *subscriptio*, der også helt konkret flyder ind i hinanden, idet selve træet består af formede streger, som enten er skrift eller grafiske linjer, og hvor overgangen mellem skrift og tegning kan følges overalt og er vanskelig at fastlægge. I stedet for den klassiske forskel mellem skrift og tegning betones her som i *ut pictura poesis*-traditionen ligheden og overgangen mellem dem. Skrift og ikon indgår en uadskillelig, dynamisk vekselvirkning med hinanden, og *scriptor* og *pictor* er som i Grass' omtalte akvadigt-genre forenet, ligesom det var tilfældet i middelalderens håndskriftpraksis.

Skriftens struktur af tidslighed standses af træets omrids, og ikonens placering af genstande ved siden af hinanden i et statisk rum dynamiseres af skriftens løb ud over kanterne på de forskellige grene og af billedernes forvandling til ortografiske linjer. Gutenberg-galaksens lineære nedskriven og horisontale, successive læsning, som er bogmediets fornemste varemærke, er opløst i kurver og bølgende linier, ligesom det traditionelle maleris statiske karakter er afløst af bevægelighed. Dette grafiske blad kan ses som en programmatisk fremstilling af en visuel-verbal repræsentationsform, hvor forskellen mellem ikon og digt opløses af den helt konkrete interaktion mellem skrift og billede, som er så afgørende for den tegnende skribent og den skrivende tegner Grass.

Læsningen af dette skrift-billede, som bedst kan betegnes som et neobarokt emblem, bliver ligeledes meget anderledes, end vi er vant til, når vi enten betragter billeder eller læser skrift. Tager man et forstørrelsesglas, ses for eksempel, at grenene er nummereret, men de er ikke, som man kunne vente, placeret i rækkefølge efter hinanden. I øverste venstre kant findes numrene 30, 43, 28, 40, 41, og det fortsætter ind mod midten med 42, 35, 24 osv. Øjet ledes fra den ene gren til den anden, søger rundt i billedet efter sammenhængende tal og sammenhængende skrift, hvorved man konfronteres med sin egen traditionelle tænkning i tallenes og skriftens linearitet og dennes utilstrækkelighed i nutidens tegnrum, hvor der på én gang hersker successivitet og simultanitet. Denne bevægelse forener ydermere den måde, vi aflæser et maleri på, hvor øjet flytter sig omkring på lærredets rumlige overflade, med den måde vi aflæser et skriftbillede på, hvor øjet følger linjens forløb og etablerer sammenhæng (i tid) mellem de enkelte skrifttegns betydninger. Vi foretager således på én gang en ikonografisk aflæsning af skriften og en skriftlæsning af ikonet, er på samme tid betragtere og læsere, og afkodningen af betydningen foregår på samme måde ved de to – ifølge Lessing – forskellige repræsentationsformer. Gutenberg-galaksens skelnen mellem visuel og verbal repræsentation er afløst af en manieristisk fluktuerende og interagerende form, som har store ligheder med nutidens bevægelige digitale billeder.

Samme indtryk får man, når man forsøger at læse billedets mange skrifttegn. I grenenes virvar genkendes navne på mange figurer fra Grimms eventyr, for eksempel (oversat til dansk) "heks", "Klokkeblomst", "Hans og Grete"; ligeledes optræder ordene "eventyr", "eventyrskov", "brødrene Grimm", "Jakob og Wilhelm Grimm" igen og igen – spredt ud over træet som en bunke af ruiner og usammenhængende detaljer. Tegnene gentages tautologisk; de er åbenbart ikke enestående, originale udtryk, men kopier, der kan fordobles og reproduceres og som materiale for kunstneren strøs ud over figuren. Alle orde-ne i de bøjelige linjer kan med tilstrækkelig omhu læses og dechiffreres: "farve", "stumfilm", "Kasper Hauser", "svamp", "munterhed" osv. – en mæng-de tegn, som på ingen måde kan samles til et helhedsudsagn, men som for-bliver betydende fragmenter. Læsning og betragten falder sammen og bliver til en springende, afkodende søgen rundt i skrift-billedoverfladens rum – i eventyrskovens samtidighed af sammenflettede ikonografiske og verbale fortællinger.

Strukturen på dette grafiske blad spejler en tilstand, hvor alle kulturens tegn er til stede samtidigt i en synkronicitet, som det nyeste medie, internet-tet, har skabt de tekniske muligheder for at realisere. Med sine "gråtoner" eksperimenterer Grass med at bringe denne perceptionsform ind i skrift og billede på det gammeldags papir, både på enkeltbladede tekstfigurer som *Der Wald*, men også i de uhyre komplekse sene romaner, der indbyder til samme afkodning som *Der Wald*. I dette på én gang tekstlige og ikonografiske rum "drages det skrevne mod billedet", som Walter Benjamin allerede 1925[28] for-mulerede som skriftens betingelser under den begyndende billedkulturelle dominans i det 20. århundrede.

Også hvad angår betydningsdannelsen er dette grafiske blad ejendomme-ligt. Der er ingen betydning bag papirets overflade, idet alt udspilles her. Med en sådan produktion af streger på det flade papir markerer Grass en afstand-tagen til den traditionelle metafysiske tradition med dens forestilling om et urbillede bag ethvert billede, som formuleret af Platon. Grass tegner ikke sit grafiske blad for at reproducere en egentlig eller idémæssig verden, men for artificielt og med samme blæk at arrangere sine ikonografisk-ortografiske tegn på papiret. I et interview udtaler Grass i overensstemmelse hermed på sin typisk konkrete, anti-teoretiske måde sin skepsis over for den indgroede vane med at søge en dybere mening bag skriftens repræsentation: "Symbols are nonsense. When I write potatoes, I mean potatoes."[29]

Perspektivisk og kompositorisk citeres endvidere middelalderikonografi-en med dens frontalitet og samtidighed af mange små fortællinger til forskel fra den efterfølgende renæssancetids udvikling af perspektivteknikker (især centralperspektiv og farveperspektiv) til fremstilling af den ene, samlede historie. Disse forhold betyder, at grafikkens betydningsdannelse og skriftens betydningsdannelse begge er placeret på papirets overflade som en opfordring til betragteren/læseren. Dikotomien mellem betydende og betydet er smeltet sammen, i skrift som i ikon. Dette implicerer imidlertid ikke, at der ingen betydninger findes på dette blad. Flere steder ses som sagt brudstykker af forskellige eventyr, men det er op til læseren/betragteren selv gennem sin "zappen" rundt i skrift-billedrummet at finde vej igennem tegnskoven og konstruere en mening med de mange tegn.

Det traditionelle emblem, som fra udgivelsen af Alciatos samling *Emblematum Liber* fra 1531 opnåede en enorm udbredelse i de følgende 250 år, blev set som et instrument for erkendelsen, idet en samling emblemata udgjorde en mosaik af konventionelt fastlagte betydningsfigurer, som for den uddannede fortalte noget om verdens beskaffenhed. Endnu i baroktiden er kulturens betydninger i nogen grad indlejret i et net af fælles fortolkninger. Med historiseringen af kulturen og dermed de konventionelle betydningers ophør i det 18. århundrede forstummer emblematikken.[30] Når Grass med forkærlighed tager denne form op, sker det ud fra fascinationen af en genre, hvor skrift og billede rent teknisk interagerer, men uden det forråd af konventionelle betydninger, som baroktidens emblematiker rådede over. Grass' læser/betragter opnår ikke metafysisk erkendelse af noget bagvedliggende eller en almen moral, men lærer ved hjælp af den store kompleksificering af det litterære og billedkunstneriske tegnsprog at udvikle en tænken gennem mange forskellige medier på samme tid og derigennem at navigere i nutidens overfyldte tegnrum.

Denne multimediale kompleksificering og hybridisering betyder for Grass ikke "bogens død" eller "romanens død", en hyppig påstand i nutidens diskussion af medierevolutionen i det 20. århundrede og Gutenberg-galaksens ophør. Om nogen er Grass bogens og den store epiks mester, der jonglerer med vældige stofmængder og underkaster dem komplekse formninger, som i deres struktur minder om *Der Wald*. Og få nutidige forfattere kan på skrift fortælle så overdådigt morsomt og medrivende som han. Især den sene Grass eksperimenterer radikalt med romanens form ud fra de samme principper om at forene skrift og billede, som ligger bag et kunstnerisk produkt som

Der Wald, og nævner eksplicit den berømte folkelige *Neuruppiner Bilderbogen* (udkommer fra 1775) med dens førmoderne æstetik og dens enhed af skrift og billede som sit forbillede ved arbejdet på *En længere historie*.[31] I *Mit århundrede* (*Mein Jahrhundert, 1999*) tager han konsekvensen af sine eksperimenter med at sanseliggøre og rumliggøre skriften gennem billedmediets standsninger fuldt ud og skaber en højlitterær historisk "tegneserieroman" om det 20. århundrede. Hvad der med et romanværk som *Mit århundrede* er dødt, er ikke romanen som sådan, der jo som genre går helt tilbage til antikken og har overlevet alle mediemæssige forandringer. Det er derimod det modernes roman, den specifikke udformning, som romanen udvikler fra omkring 1600 og frem til det 20. århundrede i Lessings og Gutenberg-galaksens tidsalder, og som er en form for fortællen, der er præget af skriften og bogen som det dominerende medie. Denne logocentriske romanfortællen opløses hos Grass gennem hans eksperimenter med hybride æstetiske former. Medieintegrationen betyder for ham ikke bogens død, men en radikal udvidelse af skriftens og romanformens muligheder.

NOTER

1] Günter Grass: "Werkstattbericht. Vorlesung im Rahmen der Tübinger Poetik-Dozentur (17. Juni 1999)" i: Jürgen Wertheimer m.fl. (udg.): *Günter Grass. Wort und Bild. Tübinger Poetik*. Tübingen 1999, s. 32. Alle citater fra tysk i denne artikel er egen oversættelse.

2] "Über das Zeichnen und Schreiben" i: Günter Grass: *In Kupfer, auf Stein*. Göttingen 1994.

3] G.E. Lessing: *Laokoon: oder über die Grenzen der Malerei und Poesie* i: G.E. Lessing: *Werke und Briefe* (W. Barner, udg.), bd. 5/2. Frankfurt am Main 1990.

4] Citeret efter Bengt Algot Sørensen: *Allegorie und Symbol. Texte zur Theorie des dichterischen Bildes im 18. und frühen 19. Jahrhundert*. Frankfurt am Main 1972, s. 62.

5] Se hertil W.J.T. Mitchell: *Picture Theory*. Chicago 1994.

6] *Der Poetische Trichter* (1648-53). Citeret efter Gottfried Willems: *Anschaulichkeit. Zu Theorie und Geschichte der Wort-Bild-Beziehungen und des literarischen Darstellungsstils*. Tübingen 1989, s. 101.

7] Walter Benjamin karakteriserer i de to små essays "Lehre vom Ähnlichen" og "Über das mimetische Vermögen" (uden år) skriften som den mest usanselige repræsentationsform, hvor forholdet mellem det betydede og det betydende er bestemt af en "usanselig lighed" i: Walter Benjamin: *Gesammelte Schriften* (Rolf Thiedemann og Hermann Schweppenhäuser, udg.). Frankfurt am Main 1977, II.1, s. 204-213.

8] Ulrike Hick: *Geschichte der optischen Medien*. München 1999.

9] Citeret efter Norbert Bolz: *Das kontrollierte Chaos*. Düsseldorf 1994, s. 190.

10] Bolz: *Das kontrollierte Chaos*, s. 191.

11] Grass: "Werkstattbericht" i: Wertheimer: *Günter Grass. Wort und Bild* (jf. note 1), s. 41.

12] Grass: "Werkstattbericht" i: Wertheimer: *Günter Grass. Wort und Bild*, s. 33.

13] "Interview von Bernhild Boie mit Günter Grass: Die Disziplin wechseln, beim Gegenstand bleiben (1996)" i: Wertheimer: *Günter Grass: Wort und Bild*, s. 25. Om sine multimediale eksperimenter i forbindelse med *Rottesken* siger Grass samme sted: "Det har inspireret mig at sætte den mørke skrift med lerfarve på den hvidbrændte ler. Eller jeg har ridset skriften ind i de hvide plader ... Og min forlægger kom ind i mit atelier ... og der lå ca. femogtyve sådanne lerblade til tørre ... Og jeg sagde til ham: 'Det bliver min nye bog. Jeg skriver ikke mere på papir. I mellemtiden kan De jo overveje, hvorledes De vil mangfoldiggøre sådan noget.'"

14] Walter J. Ong: *Oralität und Literalität. Die Technologisierung des Wortes*. Opladen 1987.

15] Günter Grass og Jürgen Wertheimer: "Werkstattgespräch. Seminar im Rahmen der Tübinger Poetik-Dozentur (18. Juni 1999)" i: Wertheimer: *Günter Grass. Wort und Bild*, s. 61.

16] Norbert Bolz: *Am Ende der Gutenberg-Galaxis*. München 1993.

17] Bolz: *Das kontrollierte Chaos* (jf. note 9).

18] Günter Grass: *Mit Sophie in die Pilze gegangen*. Göttingen 1992 (ingen sideangivelse).

19] Mogens Boisens oversættelse af "der weite Rock".

20] Se hertil Karin Sanders: *Konturer. Skulptur- og dødebilleder fra guldalderen*. København 1997.

21] Günter Grass og Jürger Wertheimer: "Werkstattgespräch" i: Wertheimer: *Günter Grass. Wort und Bild* (jf. note 1), s. 58.

22] Dette udtryk er mottoet i W.J.T. Mitchell: *Picture Theory* (jf. note 5).

23] Norbert Bolz og Willem van Reijen (udg.): *Ruinen des Denkens. Denken in Ruinen*. Frankfurt am Main 1996.

24] G.R. Hocke: *Manierismus in der Literatur*. Frankfurt am Main 1959. Manierismebegrebet introduceres første gang i E.R. Curtius: *Europäische Literatur und lateinisches Mittelalter*. München 1948.

25] Umberto Eco: *Das offene Kunstwerk*. Frankfurt am Main 1977, s. 39.

26] Omar Calabrese: *Neobaroque*. Princeton 1992.

27] Grass: *In Kupfer, auf Stein* (jf. note 2), s. 264.

28] Walter Benjamin*: Ursprung des deutschen Trauerspiels* i: Walter Benjamin: *Gesammelte Schriften* (Rolf Thiedemann og Hermann Schweppenhäuser, udg.). Frankfurt am Main 1974, I.1, s. 351.

29] Citeret efter Volker Neuhaus: *Günter Grass. Die Blechtrommel*. München 1982.

30] Albrecht Schöne: *Emblematik und Drama im Zeitalter des Barock*. München 1964.

31] Grass: "Werkstattbericht" i: Wertheimer: *Günter Grass. Wort und Bild* (jf. note 1), s. 40.

"Jeg tegner, hvad der bliver tilovers"
Grafikeren Günter Grass

Af Anne-Sofie Dideriksen

Da Günter Grass i 1999 præsenterede sit bud på det 20. århundredes brogede historie i bogen *Mit århundrede* (*Mein Jahrhundert*), havde historien helt konkret også fået farver. *Mit århundrede* udbreder – i den illustrerede udgave – de sidste hundrede års historie i et samspil af fortællelystne tekster og farverige akvareller. Forfatteren Grass er også en aktiv billedhugger, tegner og grafiker, men hans billedkunstneriske virke har altid stået i skyggen af det litterære værk, der siden udgivelsen af *Bliktrommen* (*Die Blechtrommel*) i 1959 har skaffet ham verdensry og i 1999 indbragte ham Nobelprisen i litteratur.

Af uddannelse er Grass imidlertid billedhugger og havde egentlig forestillet sig en billedkunstnerisk karriere. Han gik på kunstakademierne i Düsseldorf (1948-52) og Berlin (1953-56) efter en periode med lejlighedsvise jobs i den kaotiske efterkrigstid. Hans billedkunstneriske værk omfatter arbejder i skulptur, akvarel, tegning og grafik (litografier og raderinger), som er discipliner han vekslende har gjort brug af. Fra 1972 begyndte han kontinuerligt at udbygge sit grafiske værk, først med raderinger, senere også med litografier, uden dog at give afkald på hverken tegning eller skulptur som udtryksformer. Derimod har han fra sine unge dage indtil midten af 90'erne ladet akvarellen ligge, og så sent som i 1991 gav han udtryk for sit anstrengte forhold til dette medium: "Nogle gange ville jeg ønske, at det i dag, efter fire årtier, kunne lykkes mig at omgås akvarelpenslen så ubekymret igen."[1] Ikke så lang tid efter, i

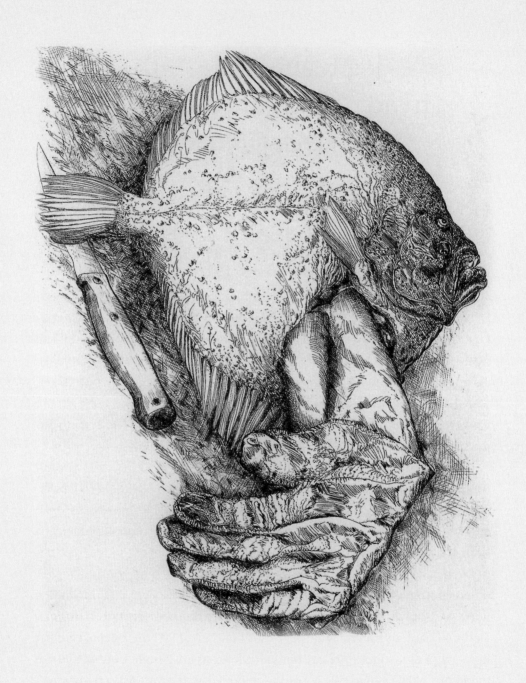

1997, præsenterede han trods denne mistro over for sine evner med vandfarven værket *Fundsachen für Nichtleser* (Hittegods for ikkelæsere) med digte og akvareller og i 1999 århundredebogen, begge værker, som vidner om, at Grass har fået sin ubekymrede akvarelpensel i hånden igen.[2]

I det følgende forlades farvernes verden dog, og vi går i sort-hvid. Eller med andre ord: Det handler om grafikken. Grass har altid været forfalden til at tegne genstande og har, upåvirket af kunstens skiftende moder fra abstraktionens regimente over Pop-Art til det nye vilde maleri, holdt fast i sin egen stil og sit private motivunivers. Det hvide papir i det grafiske værk besættes af rotter, flyndere, snegle, fjer, frøer, tidsler og allehånde andre dyr og objekter. Denne genstandsgruppe optræder også i det litterære værk – alene titlerne på kendte værker som *Rottesken*, *Flynderen* og *Af en snegls dagbog* påviser motivslægtskabet.

Grass' arbejde på sine motiver i både litteratur og billedkunst kan på det håndværksmæssige plan ses som en proces, hvor han indkredser, omformer og præciserer sine motiver. De billedkunstneriske arbejder kan ligge forud for arbejdet med f.eks. en roman, idet bestemte motiver og konstellationer findes gennem det billedlige, så det at tegne, som Grass siger, "hjælper mig til at gøre en bestemt situation anskuelig, så at jeg kan nedfælde den skriftligt".[3] Billedet kan desuden være et redskab til at afgrænse store stofmængder med, som det har været tilfældet ved arbejdet på *Mit århundrede*, hvor den enkelte akvarel har indkredset et tema og dermed et fortællemotiv.[4] Set på denne måde fungerer billedkunsten som en skrivemotor og prøvesten, hvorpå eksempelvis metaforer kan testes for deres holdbarhed.[5] Når tingene på denne vis er blevet konkret opfattelige i billedkunsten, er de renset for enhver

Fig. 4. Günter Grass: NATÜRLICH WAR DER BUTT IM SPIEL. *1981. Radering. 45 x 36 cm.*
Flynder, handske, kniv – en typisk sammensætning af objekter på det hvide papir fra billedkunstneren Grass' hånd. Han opererer med et antal faste ting og dyr, en motivkreds, som selvfølgelig er udvidet i takt med, at han fra starten af 70'erne kontinuerligt begyndte at udbygge det grafiske værk. Flyndere, rotter, snegle, tudser, fjer, søm, tidsler, solsikker og allehånde andre motiver besætter billedfladen i forskellige konstellationer og skaber kunstnerens helt private betydningsverden.

idébefængthed, som den konkret sansende kunstner Grass altid nærer mistro til.[6]

Men dermed er det ikke sagt, at grafikken er illustrationer til litteraturen, at de er en gentagelse af litteraturens motiver med andre midler, da de kan opstå både før, under og efter arbejdet med det litterære værk. Visse objekter fortsætter endog deres liv i grafikken længe efter deres litterære liv som f.eks. sneglen, der stadig kan findes i billedkunsten i 1982, ti år efter udgivelsen af *Af en snegls dagbog* og de første rækker af snegleraderinger. Hvorledes litteratur og grafik spiller sammen vil være temaet her, men først dog et indledende blik på grafikken som kunst i sig selv; på Grass' billedkunstneriske stil og det virkelighedsbegreb, der opstår med denne stil.

Den naturlige virkelighed

I Grass' overvejende naturtro grafikstykker er der arbejdet minutiøst med detaljerne, og billederne præsenterer sig umiddelbart som traditionelle efterligninger af naturen. Man genkender på raderingen *Natürlich war der Butt im Spiel* (Selvfølgelig var flynderen med i spillet, fig. 4) flynderen som flynder, kniven som kniv og handsken som handske. På en radering eller et litografi er der rent teknisk mulighed for at aftegne genstandene med mikrofine rids eller streger. Disse tekniske muligheder er i Grass' grafiske værk udnyttet til at skabe en genkendelighed med, til at forlene motivet med et anstrøg af naturalisme. I parentes bemærket falder Grass' afbildning af genstande i akvarel helt anderledes ud: Den bløde akvarelpensel giver genstandene svulmende former i f.eks. *Mit århundrede* og opløser de små detaljer i duvende strøg. Stilistisk bliver hans fremstilling af genstande helt anderledes ekspressiv i akvarellens univers, hvad den ofte hidsige farvebrug også understreger. Man får ved sammenligning af grafikken og akvarellerne hos Grass et meget klart indtryk af mediets betydning for stilen.

Men tilbage til grafikkens knivskarpe objektstudier. De har ingen deciderede handlingsmomenter, men fremstiller naturen, som den er. Det hvide papir, objekternes billedrum, fungerer udelukkende som middel, og billederne iscenesætter i første omgang ikke sig selv som billeder eller kunstneriske artefakter.

Men grafikken løser sig alligevel på flere måder fra at være blotte studier af ting og fra at suggerere en naturalistisk virkelighedsgengivelse. For det første bevirker den gentagne brug af de samme objekter, at der må opstå spørgsmål hos beskueren om deres betydning eller mening. Hvad betyder det, at flynderen, som optræder på adskillige andre raderinger med andre objekter, nu møder en kniv og en handske på raderingen *Natürlich war der Butt im Spiel?* Står den for noget, og hvad står den i så fald for? Et andet af Grass' yndede motiver, rotten, optræder på en radering (*Golgatha*[7]) i opretstående tilstand og betragter sammen med en anden rotte et kors med endnu en gnaver af samme art, der korsfæstes. Her bliver det tydeligt: Objekterne, her rotterne, får henvisende karakter, præsenterer sig som emblemer eller sindbilleder på noget andet, end de er. Grafikstykkernes sort-hvide præg opviser (sammen med den naturtro stil) oven i købet visse ligheder med et traditionelt emblemkompendiums sort-hvide bogtryk.[8] Med grafikkens motiver antydes således en betydningslære som den, der er karakteristisk for den emblematiske genre, men hos Grass er denne betydningslære helt privat og individuel: Motivernes betydninger fastsættes (og, som det skal ses senere, ombrydes) suverænt af kunsteren selv, objekterne stilles i hans tjeneste og bruges til individuelle udsagn om verden. Grass' grafiske stykker af f.eks. rotter viser dette: I en række raderinger, som opstod i forbindelsen med romanen *Rottesken*, gennemspilles forskellige scener fra bogen. Rotten, undergrundsdyret, bliver i disse raderinger sindbillede på menneskehedens undergang (rotten overlever mennesket) og sættes ind i forskellige sammenhænge for at anskueliggøre denne undergang.

For det første henvises der således i den øjensynligt naturalistiske virkelighedsgengivelse til noget andet end tingene selv, og for det andet sprænges den naturlige virkelighed i billederne også, idet forskellige objekter kombineres i fantasifulde møder. På raderingen *Kippen und Schuh* (Cigaretskod og sko, fig. 5) præsenteres to objekter, som er hinanden fremmede. Et fællestræk er dog, at både skoen og skoddene henviser til et fraværende menneske: Det menneske, som har båret og udtrådt skoen, og som har strøget tændstikker-

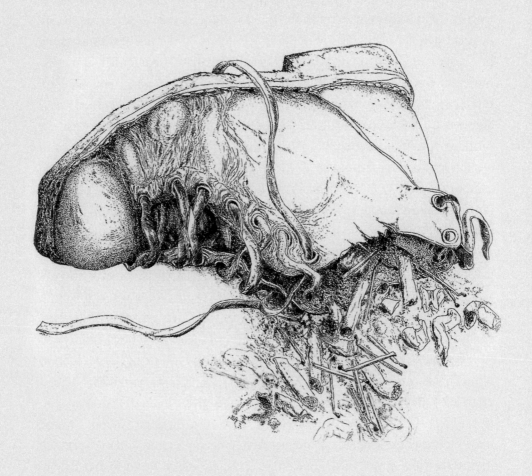

ne, tændt og røget cigaretterne. Dette handlende menneske er imidlertid ikke til stede, og handlingen, der har ligget forud for motivet, at putte skoddene ned i skoen, har intet subjekt. Der illuderes således, at skoen og skoddene har ageret selv efter egne obskure love. De vante, logiske naturloves bestemmelse af vort virkelighedsbillede overskrides i dette møde mellem sko og skod, og den naturlige virkelighed tillægges dermed fantastiske dimensioner. At disse dimensioner ikke eksisterer uden for den logiske, lovmæssige natur i en fantasiverden for sig, understreges med den naturalistiske stil: De fantastiske dimensioner er til stede i den naturlige virkelighed, vi kan iagttage med det blotte øje.

En tredje måde, hvorpå den naturalistiske gengivelse af tingene brydes, hænger tæt sammen med den fantastiske virkelighedsiscenesættelse, der finder sted på de grafikstykker, hvor flere genstande møder hinanden. Ofte forvandles objekterne nemlig i Grass' grafik: De undergår metamorfoser og bliver til fantasidyr som f.eks. flynderen på raderingen *Mann im Butt* (Mand i flynderen, fig. 6). På den nederste del af flynderen ses et tydeligt mandsansigt, ikke ulig Grass' eget med det genkendelige attribut, overskægget. Manden er ikke blot monteret på flynderen, han vokser frem af dens mave, hvad der understreges af, at der i flynderen synes at have åbnet sig et hul, som manden kigger ud af. Det kunne se ud, som om manden er inde i maven på flynderen, men han er også vokset sammen med den: Raderingens fine rids har fået specielt den venstre del af overskægget til at flyde sammen med de streger, der giver flynderens mave det korrekte anatomiske præg. Om flynderen er ved at forvandle sig til en mand, eller om det forholder sig omvendt, er svært at afgøre. I alle tilfælde er der tale om, at ét objekts grænser, om det nu er mandens eller flynderens, brydes, og at objektet er under forvandling. Samme

Fig. 5. Günter Grass: KIPPEN UND SCHUH. *1974. Radering. 33 x 40 cm.*
En absurd komik præger billedet med skoddene, der – som om et menneske holdt skoen – bliver rystet ud af det udtrådte stykke fodtøj. Man må uvægerligt spørge sig selv, hvordan de røgne cigaretstumper er landet i en afdanket sko, og svaret kunne være, at tingene øjensynligt agerer med hinanden på helt egne obskure præmisser.

proces kan iagttages på litografien *Metamorphose* (fig. 12), hvor en græshoppe i fem faser omformes til en kvindefigur og tilbage igen.

Denne lejlighedsvise forvandling, de faste objekter i grafikken undergår, udvider ligesom mødet mellem forskellige ting virkelighedsbegrebet i kunsten: På tværs af de kendte naturlove omformer naturen sig og antager absurde eller fantastiske dimensioner. Det er den kunstneriske fantasi, der sætter grænser for virkelighedsgengivelsen, og på denne vis inddrages fantasiens og imaginationens virkelighedsbilleder på lige fod med øjets registrering af det virkelige.

Kunstnerens selvkommentar

Med alle disse "afnaturaliserende" greb påpeger grafikkens billeder tydeligere deres billedlighed, end de synes at gøre ved første øjekast. Naturligvis kan den naturgengivelse, som man umiddelbart ser, ikke være andet end et artefakt: Billedets linier er jo netop et udtryk for det menneskelige syn på naturen, grafikstykkerne viser os en abstraherende overførsel af naturelementet til papiret. Det fantastiske blik på virkeligheden, som Grass formidler videre i grafikken, tydeliggør dog yderligere billedets konstruerede karakter. Denne konstruerede karakter træder endnu klarere frem med kunstnerens egen tilstedeværelse i billederne. For når kunstneren indlemmes i motivet, som det sker på *Mann im Butt*, reflekteres også forholdet mellem virkeligheden og kunsten. Grass' tilstedeværelse i flynderen bliver en kommentar til hans egen kunst. Kiggende frem fra flynderen er kunstneren imidlertid helt konkret fanget i sit

Fig. 6. Günter Grass: MANN IM BUTT. *1978. Radering. 40 x 52 cm.*

En mand i en flynder – Grass sammenstiller typisk forskellige objekter i varierende konstellationer i sin grafik, og ikke sjældent ser man, at objekterne flyder sammen. Her er det den faste figur flynderen og et mandeansigt, ikke ulig Grass' eget, som her er gået i ét. Bemærk, hvordan manden nærmest undergår en metamorfose: Hans mund begynder at ligne flynderens forvrængede gab, og hans venstre øje trækker opad, som om han øvede en fladfisklignende skævøjethed – naturen føjer ikke mennesket i dette fantastiske virkelighedsudkast.

eget motiv. Hans blik ser ikke direkte på beskueren, men er rettet mod et fjernere punkt, som kiggede han lukt gennem den, der eventuelt betragter værket. Dette kan forstås sådan, at kunstneren med sin selvkommentar overlader forståelsen af billedet til beskueren, idet der ikke optages nogen kontakt til de øjne, der ser billedet. Grass sagde i 1999 i en forelæsning over sin kunst, at "[j]eg er ikke manden, der kan forklare Dem billeder og billedindhold. Kikke må De selv gøre".[9] På *Mann im Butt* tvinges man lige præcis til selv at bruge sine øjne; netop det at få beskueren til at se, at se ordentligt efter, bliver i denne radering et væsentligt anliggende. På to selvportrætter på fig. 8 og fig. 9, *Selbst mit Toten Fliegen* og *Mit toter Eule* (Selv med døde fluer og Med død ugle), finder man det samme blik, her ikke indstillet på uendeligt, men på henholdsvis de døde fluer og den døde ugle. Disse to selvportrætter udvider den kunstneriske selvkommentar: Kunstneren kan ikke udlægge billedet for beskueren, men kan kun vise naturen, som *han* ser den.[10] Der er naturligvis en vis modstrid i dette, nemlig den, at naturen netop fremstilles, som kunstneren ser den, hvilket i sig selv er en udlægning, samtidig med at kunstneren trækker sig væk fra fortolkningsrummet med sit blik, der ikke er til at fange.

Endvidere siger Grass til beskueren af sine billeder: "De vil blive overrasket over, hvor ofte billedet så forvandler og forandrer sig hos Dem."[11] Grass gør her opmærksom på det grundforhold, at ens fortolkning altid er tidsafhængig, hvad hans selvinterpretation også ville være, hvis han ikke åbent trak sig tilbage som fortolker af det færdige billede, som det er tilfældet ved de her omtalte tre stykker grafik. Når Grass således overlader kunstværket til beskueren, kan det ses som et forsøg på ikke at udjævne kunstens moderne ambiguitet. For som Grass siger, så er "samtlige kunstværker, om det drejer sig om et billede, en bog, en sonet, en komposition, ... flertydige, lever af flertydighed – og interpretationen er altid fastlæggende".[12]

Denne grundlæggende flertydighed i kunsten, som Grass tager op her, kommer i hans grafiske værk i høj grad også til udtryk på et andet punkt, nemlig ved at grafikken deler motiver med det litterære værk. I udvekslingen af motiver mellem det litterære og det bildende værk forrykkes genstandene fra den ene sammenhæng til den anden og får deres betydningsmuligheder omformet og udvidet. For at undersøge nærmere, hvordan kunstens flertydighed forstærkes gennem denne udveksling, må vi derfor vende os mod forholdet mellem billedkunst og litteratur.

Litteraturens og billedkunstens samspil

Som nævnt deler grafikken og de litterære værker i høj grad motiver hos Grass – rotter, snegle, flyndere kan findes både i skrift og billede. Når man således støder på et objekt i grafikken, har det højst sandsynligt en historie foran eller bag sig i det litterære værk, fordi det har optrådt eller skal optræde dér. Af denne grund kan en given radering forekomme mest udfordrende for beskueren, hvis han eller hun er fortrolig med den private billedverden, Grass samlet udlægger i skrift og billede. Jo mere indsigt man har i motivernes historie i det grafiske værk, jo bedre kan man følge spidsfindighederne i den måde, hvorpå Grass i billedkunsten arbejder videre med de forskellige motiver fra litteraturen eller omvendt.

Det betyder ikke, at Grass' grafikstykker lukker sig om sig selv, for billedkunsten er naturligvis i sig selv en autonom udtryksform: Kunstværkets betydningssætninger opstår i første omgang med stregernes udformning af genstanden, farvebrugen, kompositionen m.v. Den æstetiske helhed, der dermed opstår, fortolker det afbildede i et bestemt formsprog. Men genstandene hos Grass har som oftest antaget andre betydninger i andre sammenhænge end den aktuelle, man ser dem i på et givet billede. Hvad det betyder for kunstværket, kan anskueliggøres med raderingen *Natürlich war der Butt im Spiel.*

Først om billedet i sig selv: Sammensætningen af kniv, handske og flynder i denne radering sætter som motiv i sig selv fantasien i gang hos beskueren. Handskens fingre er detaljeret udformet, således at den ser overmåde brugt ud. Med fine rids er rynker og buler aftegnet på så tydelig vis, at handskens læder snarere ligner huden på menneskelige fingre. På handskens tommelfinger anes endog en negl i samspillet af sort, hvidt og gråt. Handskens kunstneriske udformning får den således til at balancere på kanten af at være handske og hånd. Afbildningen af handsken bliver flertydig; billedet spiller med vores

forestilling om både en handske og en hånd. Med fremhævelsen af hand-
skens håndlignende konturer henvises der til den hånd, der har båret den, til
et fraværende menneske. Antydningen af det fraværende menneske er inter-
essant i den samlede komposition af raderingen: Et menneske, kunne man
forestille sig, ville have været i stand til at bruge kniven og måske skære flyn-
deren op. Men som på raderingen *Kippen und Schuh* ser man igen her, hvorle-
des tingene agerer hinsides den menneskelige vilje, og raderingens titel
understreger dette. At flynderen er "med i spillet" antyder, at den handler
selv, selv har insisteret på at komme eller svømme ind i billedet.

Så meget til billedet i sig selv. Ser man ud over denne raderings grænser,
støder man imidlertid på handsken andetsteds, både i billedkunsten og litte-
raturen. Raderingen er én ud af en serie på syv raderinger med titlen *Nachruf
auf einen Handschuh* (Nekrolog over en handske).[13] Desuden lever handsken
et liv i et digt opstået på samme tid med titlen *Müll Unser* (Affald vort).

I digtet finder det lyriske jeg en handske på en strand og giver sig hen i
eftertænksomhed over de menneskelige efterladenskaber i naturen. Oplevel-
sen er fastholdt på to af seriens raderinger (ikke afbildet i denne bog): På den
ene afbildes handsken på strandens bred, på den anden tematiseres efter-
tænksomheden, idet Grass opstiller sig selv sammen med handsken under
titlen *Mit Handschuh nachdenklich* (Eftertænksom med handske). Men heref-
ter overskrider handsken digtets sammenhæng. Den optræder på fig. 4 såle-
des pludselig med flynder og kniv, elementer, som ikke kan forbindes med
digtet. På de yderligere fire raderinger i serien er handsken sat sammen med
henholdsvis hammer og sejl, med en sten, med en snor og et aftryk af en
hånd samt med en tidsel, igen elementer, som ikke optræder i digtet. Således
har Grass, efter at have udforsket handsken i digtet og de to raderinger, som
mønter sig på digtet, fortsat sin udforskning ved at sammenstille handsken
med helt nye objekter. Det, handsken står for, kan ikke fastsættes alene på
baggrund af digtet *Müll unser* længere. Når handsken sættes sammen med en
sten under titlen *… und warf den ersten Stein* (… og kastede den første sten) står
handsken pludselig i bibelsk kontekst. I Biblen skulle dén, der var uden skyld,
kaste den første sten. På motivet fortolkes skyld som en uundgåelig størrelse
ved hjælp af stenen og handsken: Netop handsken uden hånd kan ikke kaste

og bevise sin uskyld. Set i sammenhæng med digtet *Müll unser* og de to rade-
ringer, som tager tydeligt afsæt i digtet (eller er det omvendt?), fortæller
denne radering med handske og sten historien om de menneskelige efterla-
denskaber i naturen videre ved at indføre skyld som tema: menneskets skyld
over for naturen. Handskens indholdsmuligheder, som de blev udkastet med
digtet og de to tilhørende raderinger, udvides i handskens møde med nye
genstande.

Denne udvidelse af betydningsmulighederne fortsætter således på rade-
ringen *Natürlich war der Butt im Spiel*. Flynderen har, ud over at være repræ-
senteret på netop denne radering, et litterært liv i romanen af samme navn.
Når flynderen sættes sammen med handsken, støder nye kontekster til som
fortolkningsbaggrund for handsken: Hele romanen *Flynderen* sættes i sving-
ninger som fortolkningssammenhæng i dette billede. Samme forhold gælder
for raderingen med tidslen og handsken i serien: Tidslen er det centrale sind-
billede fra fortællingen *Mødet i Telgte* (*Das Treffen in Telgte*), som således også
installeres som fortolkningsbaggrund i serien *Nachruf auf einen Handschuh*.

Man kan altså iagttage to ting i serien om handsken. For det første bevir-
ker den gentagne forrykning af handsken til nye sammenhænge, at hand-
sken har et betydningsnet, som ikke kun begrænser sig til det billede, hvor
den optræder. Ethvert billede af handsken er netop flertydigt, idet det også
henviser til handskens liv i andre sammenhænge. På denne vis skaber Grass
med digt og billede et forståelsesrum for handsken, som er større end det
enkelte billedes.

For det andet kan man i serien om handsken bemærke det for Grass
særegne træk, at dette betydningsrum skabes i såvel tekst – altså i digtet *Müll
unser* og også romanen *Flynderen*, som der henvises til med fiskens tilstede-
værelse på fig. 4 – som i billede. Serien *Nachruf auf einen Handschuh* tydeliggør
dermed Grass' opfattelse af billede og skrift som medier af samme art: I teg-
ningens billedsprog kan skrevne ord fortsætte med at fortælle og omvendt,
for både billede og skrift har i Grass' optik netop billedligheden tilfælles.[14]
Når billedserien fortsætter tematikken ud over digtet om affaldet, bliver bille-
derne ikke en illustration, men et middel til videre fortolkning af affaldste-
matikken, som rent fysisk foregår et andet sted, end der hvor digtet står trykt.

Men forholdet mellem tekst og billede synes dog her, hvor tekst og billede ikke står ved siden af hinanden i et værk, ikke anderledes end i de tilfælde, hvor Grass præsenterer tekst og billede på én gang. Det gælder for de digtsamlinger, hvor teksten ofte er skrevet oven i billedet som f.eks. i digt- og akvarelbogen *Fundsachen für Nichtleser* og for *Mit århundrede*, hvor akvarel og fortælling til det enkelte år befinder sig på samme opslag. At det er det samme, der foregår mellem tekst og billede, om disse er adskilt eller står ved siden af hinanden, bekræftes af kunstneren selv. Adspurgt om, hvorfor de billeder, der opstår i forbindelse med et litterært værk, ikke altid præsenteres sammen med bogen, påpeger Grass, at omkostningerne for det første er dobbelt så store ved at trykke billeder i f.eks. en roman som ved kun at nøjes med trykningen af teksten. For det andet opstår litteratur og billede ikke altid i samme forhold: Nogle gange er billedet mere hjælpemiddel til det litterære, andre gange har han haft lyst til at underkaste sit tema de to medier billede og skrift fra starten som i tilfældet med *Fundsachen für Nichtleser*.[15]

"Jeg tegner, hvad der bliver tilovers"

I Grass' grafik får man indblik i en fantastisk virkelighed og samtidig tilbudt et usædvanlig stort forståelsesfelt for billedernes motiver, i og med at næsten ethvert motiv udfoldes både i litterære og i ofte adskillige billedlige sammenhænge, som udvider fortolkningsmulighederne. Søger man velafgrænsede forståelseshelheder, kommer man ud på en længere rejse i den Grass'ske grafik, som opstiller valgte objekter i atter nye kombinationer.

Den stadige omformning af forskellige motivers indholdsside, som kommer til udtryk med denne kombinationspraksis, henleder opmærksomheden på, at tingene har en historie, at de forandrer sig fra det ene øjeblik til det andet. Tingenes forgængelighed præger også tematisk en del af grafikken. Man finder raderinger og litografier med vanitasmotiver som røgne cigaretter og udtrådte sko som på fig. 5, en brugt handske (fig. 4), fiskeben, afskårne fiskehoveder, gåsehoveder, visne solsikker, døde fluer og ugler (fig. 8 og fig. 9). Grass tegner her konkret "det, der bliver tilovers", som han siger i *Af en snegls dagbog*; resterne er spor af en funktionel helhed, som var til stede før forfaldet: hele cigaretter, nye sko og handsker, hele levende fisk, gæs, fluer og ugler. Livet og døden står antitetisk over for hinanden i disse restmotiver, og med kun sporene af dyrenes og tingenes helhed henvises der til livets uomgængelige fysiske forfald.

Når resterne fastholdes på billedet, virker det som et forsøg på at registrere og påvise forfaldet frem for at ophøje dets abstrakte skønhed; den detaljebesatte omhu, som er lagt i afbildningen af f.eks. cigaretskoddene og skoen på fig. 5 understreger dette. Med restmotiverne indlemmes de smuler af virkeligheden, andre udelader eller smider væk ("det, der bliver tilovers"), i den kunstneriske virkelighed og føres for beskuerens øjne. Set i dette perspektiv kan man tale om en parallel til et af Grass' poetologiske principper, som han forfølger i litteraturen: At optegne de dele af virkeligheden, som fortrænges eller trænges i baggrunden. Fra 50'erne, hvor digteren Paul Celan gav ham det råd (i Grass' formulering) "at det episke løg ... skulle have pillet hud efter hud af",[16] til i dag har Grass fastholdt nødvendigheden af, at kunsten har denne afslørende funktion.[17]

I og med at restmotiverne fastholder forfaldet på et bestemt stadie – f.eks. uglen på fig. 9, før den rådner – standser de så at sige forfaldet. Den hengående tid ophæves i billedets fastfrysning af objektet. Men at den menneskelige vilje ikke kan opholde forfaldet, bliver ikke mindst tydeliggjort i bogen *Totes Holz* (Dødt træ) fra 1990 for nu at tage en lille afstikker fra grafikken. I en blanding af tegninger og småtekster tematiserer Grass den skovdød, som griber om sig og bagatelliseres i et samfund, hvor teknikken har forrang over for naturen. De døde træers skeletagtige silhuetter besætter det hvide papir, men der er ingen antydninger af, at livets cirkel kan sluttes: Ingen friske skud, kun uhyggelige landskaber med brækkede stammer og nøgne grene.

Organisme med høj puls

Grass' samlede værk af streg og bogstav kan man se som en levende, åndende organisme. Grafikken trækker ny luft ind fra de litterære frembringelser, og litteraturen får ilt af grafikken. I det samlede værk, i hele organismen, fornyes cellerne således konstant. Pulsen er høj, og de enkelte motivers indholdsmuligheder omformes og ombrydes til stadighed, virkeligheden udforskes med indbildningskraftens hastige vejrtrækning. Den med punktum afsluttede roman skrives videre i grafikken, og den sorte streg afslutter ikke billedet af en genstand i grafikken, for den tegnes videre i litteraturen. Det er så banalt, som det er sandt: Den tegnende og skrivende kunstner Grass kan ikke rubriceres som en forfatter, der tegner, eller en billedkunstner, der også skriver. Han er en tegnende forfatter og en skrivende billedkunstner, som arbejder i en kunstnerisk proces frem for at frembringe kunstneriske produkter.

NOTER

1] Günter Grass: *Vier Jahrzehnte. Ein Werkstattbericht.* Göttingen 1991, s. 19. Denne bog gengiver udvalgte skulpturer, tegninger, skitser, raderinger, litografier m.m., kombineret med forfatterens egne kommentarer til sine fire årtier som billedkunstner. I 2001 udkom en opdateret udgave af bogen, som havde fået titlen *Fünf Jahrzehnte. Ein Werkstattbericht.* Göttingen 2001. Alle citater i artiklen er, såfremt de stammer fra værker i dansk oversættelse, citeret fra disse danske udgaver. Øvrige citater er i egen oversættelse.

2] For Grass' brug af akvarellen i århundredebogen, se Anne-Sofie Dideriksen: "Hundrede år i farver. Günter Grass' historiske billedbog *Mit århundrede*" i: *Billedkunst,* nr. 2, juli 2000, s. 4-10.

3] Interview af Bernhild Boie med Günter Grass: "Die Disziplin wechsel, beim Gegenstand bleiben" i: Jürgen Wertheimer (udg.): *Günter Grass. Wort und Bild.* Tübingen 1999, s. 23.

4] Günter Grass: "Werkstattbericht. Vorlesung im Rahmen der Tübinger Poetik-Dozentur" i: Wertheimer: *Günter Grass. Wort und Bild,* s. 41-42.

5] Günter Grass: "Bin ich nun Zeichner oder Schreiber" i: Günter Grass: *Werkausgabe* (Volker Neuhaus og Daniela Hermes, udg.). Göttingen 1997, bd. 15, s. 499.

6] Smlg. "Diskussionsbeiträge zur Podiumsdiskussion Lyrik heute" i: *Akzente* 8, 1961, s. 38ff.

7] Günter Grass: *In Kupfer, auf Stein. Das grafische Werk.* Göttingen 1994, s. 180. I dette værk præsenteres det grafiske værk 1972-1992.

8] Peter Joch: "Ohne die Feder zu wechseln. Deutungen zum bildnerischen Werk von Günter Grass" i: Wertheimer: *Günter Grass. Wort und Bild,* s. 79.

9]   Wertheimer: *Günter Grass. Wort und Bild* (jf. note 3), s. 31.

10]   Af andre motiver af denne type kan f.eks. nævnes: *Selbst mit Nägeln und totem Vogel* (Selv med søm og død fugl), *Selbst mit Hut und Unke* (Selv med hat og tudse), *Selbst mit Mütze und Unke* (Selv med kasket og tudse), *Selbst hinterm Kaktus* (Selv bag kaktussen). Alle afbildet i: Grass: *In Kupfer, auf Stein* (jf. note 7).

11]   Wertheimer: *Günter Grass. Wort und Bild*, s. 31.

12]   Wertheimer: *Günter Grass. Wort und Bild*, s. 48.

13]   Hele serien er afbildet i Grass: *In Kupfer, auf Stein*, s. 154-158.

14]   Smlg. Grass: *Werkausgabe* (jf. note 5), bd. 15, s. 499f.

15]   Günter Grass og Jürgen Wertheimer: "Werkstattgespräch. Seminar im Rahmen der Tübinger Poetik-Dozentur" i: Wertheimer: *Günter Grass. Wort und Bild*, s. 55f.

16]   Günter Grass: *Skriften på muren*. København 1990, s. 30.

17]   Sml. også talerne "Als Schriftsteller immer auch Zeitgenosse" (1986) i: Grass: *Werkausgabe*, bd. 16, s. 177-187; "Forsetzung folgt ..." (1999) og "Literatur und Geschichte" (1999) i: Günter Grass: *Fortsetzung folgt ... Literatur und Geschichte*. Göttingen 1999. For en uddybning af denne position i det litterære værk, se denne bogs artikel: "'For ham ville det, som engang havde været, ikke tage ende'. Om historisk fortælling hos Günter Grass".

Selv med døde fluer
Melankoli og allegori
hos Günter Grass

Af Kirsten Molly Søholm

Günter Grass – en allegorisk multikunstner

Når genstanden bliver allegorisk under melankoliens blik; når denne lader livet flyde ud af den, så den ligger tilbage som død, men derigennem sikret for evigheden, så ligger den foran allegorikeren, udleveret til ham på nåde og unåde. Det vil sige: At udstråle en betydning, en mening, er den fra nu af helt ude af stand til, af betydning tilkommer den det, som allegorikeren forlener den med. Han lægger det ind i den ... (Walter Benjamin: *Ursprung des deutschen Trauerspiels*).[1]

Med en sætning som den anførte indledte Walter Benjamin den rehabilitering af allegorien, som blev central i det sene 20. århundredes æstetik. Når han i sin berømte sørgespilbog fra 1925 beskriver den allegoriske praksis som en "melankolsk" omgang med verdens genstande, der medfører en splintring af det organiske, og hvor det levende fragmenteres og "dræbes" for derefter at tillægges betydning, indleder han den teoretiske revision af det klassisk-romantiske kunstparadigme, som det formuleres hos f.eks. Kant og Goethe. Dettes grundantagelse er, at kunstværket med symbolet er en autonom, organisk helhed, som har en "naturlig" betydning og referentialitet, idet kunstneren i et inspireret øjeblik skaber et symbolsk udtryk for den organiske, levende totalitet. Dette symbolbegreb erstatter Benjamin med allegorien, hvor forestillingen om verden som totalitet forkastes til fordel for de betydende detaljer, der bliver materiale for kunstnerens bevidst artificielle *ars combinatoria*, og hvor symbolets helhed erstattes af allegoriens heterogenitet.

Med E.R. Curtius' *Europäische Literatur und lateinisches Mittelalter* (1948) og H.G. Gadamers *Wahrheit und Methode* (1960) har vi to andre centrale tekster, der viderefører diskussionen om allegorien – hos Gadamer især i det afsnit, som meget betegnende har fået overskriften "Oplevelseskunstens grænse. Rehabilitering af allegorien" (s. 76ff.). Endelig bliver allegorien med især Paul de Mans *Allegories of Reading* (1979) placeret som omdrejningspunkt i den poststrukturalistiske æstetik med dens afvisning af kunstværkets referentialitet til fordel for dets performativitet og retoricitet.

Denne rehabilitering af allegorien skal ses på baggrund af den nedvurdering af den allegoriske kunstpraksis, som skete i løbet af det 18. århundrede. Dette paradigmeskift fik til følge, at allegorien ligesom hele den barokke, retorisk prægede kunstproduktion blev vurderet stadig mere negativt og oplevet som kunstig, unaturlig og konstrueret. Med navne som Lessing, Herder, Moritz og Goethe "udrenses" allegorien efterhånden sammen med alt det barokke "regelværk" af den toneangivende æstetiske smag, og symbolbegrebet formuleres som den ægte og egentlige form for kunst, som en repræsentationsform, der tillader det værendes indlejrede betydninger at komme til syne i kunsten. Betydende og betydet falder i den klassisk-romantiske æstetik præsentisk sammen i symbolet gennem digterens inspiration og skabende geni, i modsætning til allegoriens reflekterede fremvisning af sin artificielle karakter og af sin tegnfunktion som konventionel og konstrueret – det som Benjamin kalder "ostentation af fakturen".[2]

Selvom symbollæren blev grundstenen i hele den klassisk-romantiske æstetik, fortsætter den allegoriske tradition ikke desto mindre i stort omfang i den digteriske praksis. Mest berømt er nok Goethes aldersproduktion, hvor afslutningen på *Faust II* (*Bergschluchten*) er et allegorisk mesterværk affattet i et stærkt modernistisk sprog. Med senere digtere som Baudelaire og Georg Trakl træder den allegoriske kunstintention atter stærkt frem og præger dele af den eksperimenterende modernistiske litteratur. Når Gottfried Benn – en inspirator for Günter Grass – i *Probleme der Lyrik* (1951) citerer Mallarmé: "Et digt opstår ikke af følelser, men af ord",[3] er det endnu et udtryk for det allegoriske paradigmes reaktualisering i det 20. århundrede.

Den bevidst kalkulerende og minutiøst kombinerende skrift-billed-konstruktør Günter Grass, som med skrift, tegning, grafik, akvarel og plastik skaber konstruktioner, der på retorisk vis henvender sig til læser og betragter med et tilbud om tolkninger af verden, er at finde i denne tradition. Ved første møde med Günter Grass' litterære værk virker det ofte sært og fremmedartet. Stil og handlingsforløb er groteske, og narrationen bliver med årene stadig mere kompleks og konstrueret. Mest åbenlyst træder den bevidste konstruktion frem ved det billedkunstneriske værk, som med sine anorganiske figurer på én gang minder om Georg Grosz's, Otto Dix's og surrealismens konstruktioner og – mest af alt – om Albrecht Dürers og Hieronymus Bosch's førmoderne, allegoriske billedkompositioner. Begreber som realisme, oplevelseskunst og symbolsk naturgengivelse er tydeligvis irrelevante ved beskæftigelsen med Grass, som selv har betegnet sig som en "førsteklasses manierist"[4] og hyppigt nævner Rabelais, Grimmelshausen, Sterne, Jean Paul og Alfred Döblin som sine forbilleder.

Günter Grass er som nævnt en yderst bevidst arbejdende kunstner, der ledsager hele sit kunstneriske virke med refleksioner over æstetiske og poetologiske spørgsmål. Disse kan være indlejret i værkerne, som når han i *Bliktrommen* (*Die Blechtrommel*, 1959) lader jeg-fortælleren reflektere over sin egen fortællens karakter af løgn og dermed allerede i debutromanen antyder en allegorisk intention. De reflexive træk bliver stadig mere raffinerede og udbyggede i prosaværket, fra *Hundeår* (*Hundejahre*, 1963), der starter med en lang reflektion over fortælleperspektivets muligheder, og til de sene eksperimenter i *En længere historie* (*Ein weites Feld*, 1995) og *Mit århundrede* (*Mein Jahrhundert*, 1999).[5] I flere essays beskæftiger Grass sig desuden udførligt med litterære forbilleder,[6] med litterære traditioner som den pikareske roman[7] og med forholdet mellem litteratur og politik.[8]

Et af de helt grundlæggende træk ved Grass' kunstneriske produktion er imidlertid den nævnte allegoriske intention. I 1970'erne, hvor samfund og

kultur i Europa blev stærkt politiseret og ideologiseret, og hvor de domine-
rende litterære genrer var dokumentarisme, socialrealisme og knækprosa
med deres ambition om at give en autentisk repræsentation af verden, inten-
siverer Grass sine teoretiske refleksioner for at komme til klarhed over sine
holdninger til tidens politiske og æstetiske spørgsmål. Først og fremmest for-
mulerer han sit grundprincip om billed- og sprogkunsten som noget, der ska-
bes ud fra en håndværksmæssig kunnen, der er ens for de to discipliner. Han
ser sig selv som en konstruktør, der med sprog og pen skaber artefakter, som
åbent vedkender sig og fremviser deres kunstkarakter – som ostentativt og
allegorisk fremviser deres "faktur". Ligesom Benjamin afviser han det aurati-
ske symbolbegreb, der tilskriver kunstværket autenticitet og totalitet og som
forankrer det i det geniale kunstnersubjekt.

Af en snegls dagbog (*Aus dem Tagebuch einer Schnecke*, 1972) åbner rækken
af halvfjerdsernes bevidst allegoriske romaner, og betegnende nok er Walter
Benjamins afhandling om det tyske sørgespil med dets koncept omkring alle-
gori og melankoli et bærende tema i romanen. En af dens centrale strenge
består af indmonterede henvisninger til Albrecht Dürers berømte grafik
Melencolia 1 (1514), til Klibansky/Panofsky/Saxls[9] og Benjamins[10] læsninger
heraf samt citater fra en lang række andre melankoliteoretikere. Gennem
melankolibegrebet formulerer Grass her sit koncept for både æstetik, politik
og historie.

Med fortællingen *Mødet i Telgte* (*Das Treffen in Telgte*, 1979) skabes atter en
stærkt artificiel tekst, hvor temaet er litteraturens (helt konkret efterkrigs-
tidens berømte *Gruppe 47's*) manglende mulighed for at udsige noget sandt
om den tyske politiske situation. I *Flynderen* (*Der Butt*, 1977) tager Grass et
andet af tidens store stridsspørgsmål, forholdet mellem kønnene, under
behandling. Med disse tre halvfjerdserromaner skaber Grass stærkt allego-
riske (og politisk ukorrekte) diskurser om tidens store politiske spørgsmål.
Romanerne indbragte ham heftig kritik fra både kritikere og de mange politi-
serede bevægelser i det vesttyske samfund.

Walter Benjamin var som sagt en af de første kulturanalytikere i det 20.
århundrede, der rehabiliterede allegorien. Dette sættes i *Der Ursprung des*

deutschen Trauerspiels[11] i klar sammenhæng med den mediemæssige foran-
dring, der med de tekniske-visuelle mediers stigende betydning og dermed
Gutenberg-galaksens ophør[12] var ved at finde sted i det 20. århundrede. Da
Lessing i 1766 i sin *Laokoon* definerede maleri og poesi som væsensforskellige,
var hans intention at "befri" poesien for allegorien, hvilket for ham var lig
med at befri poesien for billedkunsten som forbillede. Billedkunstens repræ-
sentationsform sættes lig med det nedvurderede "allegoristeri".[13] Hermed
formuleredes indledende kunstsymbolets æra, som falder sammen med og
står i nøje sammenhæng med, at bogen og skriften udvikler sig til at være det
altdominerende medie i anden halvdel af det 18. århundrede.

Benjamin fornemmede, hvorledes bogen og alfabetiseringen fra omkring
1900 atter var på vej til at miste deres privilegerede stilling som kulturens
fremherskende medieform, og mange af hans skrifter er i både indhold og
form refleksioner over konsekvenserne heraf for perceptionen af verden og
for de kunstneriske udtryksformer. Billedets stigende indflydelse, som tog fart
med fotografiets opfindelse i 1839 og fremskyndedes med udbredelsen af
filmmediet, får ham til i sørgespilsbogen at vende sig mod baroktidens plura-
listiske repræsentationsformer og ud fra denne position foretage sit radikale
opgør med geniæstetikken og kunsttraditionen fra Kant og romantikken.

Omkring 1970 ses tydelige spor af, at den altid grundigt arbejdende Grass
stifter bekendskab med Walter Benjamins teoretiske skrifter, og at dette bliver
et væsentligt middel for ham til at præcisere sit syn på det kunstneriske arbej-
de, herunder på forholdet mellem verbalitet og visualitet, som med hans
kunstneriske multibegavelse er et afgørende teoretisk spørgsmål for ham.
Som baroktidens kunstner og Benjamins allegoriker benægter han den fun-
damentale Lessingske skelnen mellem visuel og verbal repræsentation og
påpeger atter og atter skriftens og billedets fælles udspring.[14] Grass er om
nogen en stor skrift-billed-konstruktør, på én gang *pictor* og *scriptor* som i den
middelalderlige fremstilling af håndskrifter. Og ligesom baroktidens emble-
matiker arbejder han bevidst kalkulerende, anskueligt og allegorisk med de
enkeltstående detaljer og laver konstruktioner på papir med benyttelse af tek-
nikker, som for ham er fælles for de to kunstarter.

Denne bevidste verbal-visuelle, allegoriske *creatio* gøres til hovedtema i

Af en snegls dagbog, som med tematiseringen af Dürers kobberstik *Melencolia 1* (fig. 7) har melankolien og den allegoriske kunstintention som et af de overordnede temaer. Bogens centrale allegori, sneglen, repræsenterer (blandt mange andre ting) den barokke allegori. Sammenholdes dette med de mange melankolske selvportrætter og med de utallige steder i Grass' værk, hvor barokkens melankoli, forfald og vanitas citeres, er der grundlag for gennem Benjamins allegori- og melankolikoncept at indkredse helt væsentlige træk hos Grass. Herigennem kan man udvikle læse- og betragtestrategier, som kan lukke op for de ofte svært tilgængelige billedlige tekster og fortællende billeder.

Til det formål vil jeg i det følgende først se på, hvorledes melankolien generelt forekommer i værket, dernæst kommentere to af Grass' kendte selv-portrætter sammenholdt med Dürers *Melencolia 1* for derefter at undersøge melankoli- og allegorikonceptet i forbindelse med *Af en snegls dagbog* og dis-kutere, hvilke konsekvenser det får for hans tænkning om æstetik, politik og historie. Den tegnende skriver og skrivende tegner Grass kan med hensyn til hele sit kunstsyn og sine litterære og grafiske strategier ses som en barok eller måske snarere neobarok allegoriker, hvor den omtalte dobbelthed af verbal og visuel repræsentation får vidtrækkende konsekvenser for den kunstneriske gestaltning.

Den melankolske mosaik i Grass' værk

"Det ene øje hænger træt, forslagent det andet vågent" (fra digtet *Wie ich mich selber sehe* i romanen *Flynderen* (*Der Butt*, 1977).[15]

Melankolien har i den europæiske kultur altid været det af de fire tempera-menter, som har fascineret mest, men melankolikoncepterne har haft særde-les forskelligt indhold igennem århundrederne. Størst og længstvarende ind-flydelse har antikkens arabisk-græske traditioner haft: Den astrologiske tradi-tion, hvor det melankolske temperament tilskrives planeten Saturn, og den humoralpatologiske temperamentslære, som forklarer sygdom og uligevægt i

krop og sind med forstyrrelser i balancen mellem de fire kropsvæsker blod, slim, gul galle og sort galle. For meget af den sorte galle fremkalder efter denne lære melankoli, som på græsk betyder "sort galle" (*mèlas* (sort) + *khólos* (galle)). Endnu i middelalderen dominerer disse forestillinger, men her i kristianiseret form, idet den sorte galle ses som "Adams sæd" og dermed som bærer af arvesynden. Gallen indgydes af djævlen, og melankolien bliver årsag til tvivl og træghed i troen, synden "acedia". Når Grass i *Af en snegls dagbog* kalder den melankolske og sneglesamlende Hermann Ott for "Tvivl" (tysk: "Zweifel"), skal det utvivlsomt ses som en henvisning til dette kristne middelalderlige forestillingsmønster, men blot med den forskel, at tvivlen som politisk og moralsk grundholdning i Grass' univers ikke er en synd, men derimod positiveres. Med moderniteten mister disse overindividuelle melankolikoncepter deres styrke som symboliseringer af psykiske og fysiske fænomener, og melankolien subjektiveres og individualiseres, som vi kender det fra det 18. og 19. århundredes attituder *spleen*, *Weltschmerz*, *dekadence* og kedsomhed[16] og fra den fremvoksende psykologi og psykiatri, for eksempel Freuds kendte essay *Sorg og melankoli* (1915).

Grass indbygger mange direkte henvisninger til de forskellige melankolitraditioner i sine værker. Han øser af de kunstneriske og teoretiske diskurser, blander dem respektløst og lægger citater fra dem alle ind over sit værk som et forgrenet netværk. Han skaber herigennem helt selvstændige melankolikon-

Fig. 7. Albrecht Dürer: MELENCOLIA 1. *1514. Kobberstik. 21 x 16 cm.*

På Albrecht Dürers MELENCOLIA 1 *fra 1514 ses melankoliens engel med den typiske ambivalens af tungsind og genialitet, som også kendetegner Günter Grass' selvportrætter. De mange figurer på billedet refererer til dengang konventionelt fastlagte betydninger (timeglas, hund, kugle, geometriske instrumenter osv.), men Dürer har kombineret tegnene så ruinøst, at en sammenhængende fortolkning er næsten umulig. Billedet er med sin påfaldende fragmentariske og uordnede struktur en anticipation af barokkens bevægelige og heterogene tegnunivers. I modsætning hertil kan det andet berømte Dürerbillede fra samme år,* DER HEILIGE HIERONYMUS, *der skildrer Hieronymus siddende i sit studereværelse beskæftiget med at skrive i den hellige bog, ses som en besværgelse af teologiens univers med dets enhed og klare linjer, som falder fra hinanden i baroktiden.*

cepter, hvor det især bliver tydeligt, at han distancerer sig fra både det 18.-19. århundredes inderlighedstradition, hvor den melankolske attitude var følsomhedskulturens foretrukne gestus, og fra psykoanalysens subjektcentrerede forståelsesramme. Motiverne fra de mange melankolitraditioner bliver i hans værk til et diskursivt materiale, til brudstykker af tekster og ikoner, som kunstneren suverænt anvender som byggestene i sine verbale og visuelle kompositioner. Og melankolien bliver i Benjaminsk forstand allegori på denne æstetiske proces.

Mange steder i værket tematiseres melankolien direkte, for eksempel i de mange selvportrætter, hvor kunstneransigtet optræder i utallige kombinationer sammen med rotten, flynderen, handsken, svampen m.m.; attituden er her demonstrativt melankolsk og er lige så meget selviscenesættelse som Herman Bangs foretrukne selvstilisering. På nogle billeder er digteransigtet sørgmodigt og tungt, på andre billeder retter figuren skarpe øjekast mod verden; henvisningen til Dürer, hvor melankoliens engel på én gang sidder tungt nedbøjet og samtidig skuer skarpt fikserende opad, er åbenlys. Også de litterære værker er befolket af en lang række melankolske figurer og temaer. Jeg-fortælleren i *Bliktrommen*, dværgen Oskar Matzerath, er med sin ambivalens af smerten og det skarpe, afslørende blik typisk Dürersk, og endnu den pludrende historiefortæller Fonty i *En længere historie* tilhører med sine op- og nedture denne type. Men melankolien indbygges også mere indirekte og i små brudstykker i værkerne, som når i *Flynderen* de to tyske barokdigtere Opitz og Gryphius skildres på følgende måde: Gryphius' ansigt "formørkedes" og "en vred engel talte ud af ham", samtidig med at Opitz ligner "en pryglet hund".[17] Med de tilsyneladende tilfældige motiver engel, hund og formørket ansigt citeres tre centrale detaljer fra *Melencolia 1* og indmonteres som ikonografiske byggesten i en verbal komposition – et karakteristisk eksempel på en allegorisk praksis. Dette sker på en måde, der er typisk for Grass' raffinerede kunst: Passagen kan uden videre læses og forstås bogstaveligt, selvom man som læser er lidt desorienteret; men opdager man, at der som så ofte hos Grass er tale om en ekfrase, en talen med ord om et billede, opnås en ekstra glæde ved at afkode den anden, skjulte betydning ved siden af den ordrette/åbenlyse. Vi ser her, hvorledes Grass helt bevidst leger æstetisk med imitation af principperne i den middelalderlige og barokke tradition for flerfoldig skrift- og billedmening og den europæiske kunsts stilleben- og emblematiktraditioner.

Dürer-citaterne i forbindelse med de to nævnte digtere i *Flynderen* peger direkte hen på det værk, hvor melankolitemaet gennemspilles i alle dets variationer, og som derfor står i centrum for denne undersøgelse, nemlig *Af en snegls dagbog*. Netværker af fragmenter fra alle melankoliens verbale og visuelle repræsentationer gennem århundrederne gennemtrænger denne roman og bruges af Grass til en formulering af hans holdning til politik, historie og æstetik. Romanen afsluttes med et essay om Albrecht Dürers *Melencolia 1*: "Om stilstand i fremskridtet" ("Über den Stillstand im Fortschritt"), som er et pragtstykke af en moderne, næsten concettisk, bevægelig allegori-serie. I de senere romaner *Flynderen* og *Mødet i Telgte* monteres detaljer fra Dürers billede (for eksempel mørkskraveringen) på samme måde ind i teksterne, ligesom de optræder på mange grafiske værker. Med en sådan skrivestrategi bindes værket – både det billedkunstneriske og det litterære – sammen af et net af melankolifragmenter.

Ofte tematiseres melankolien endvidere gennem en privat, hermetisk-lukket allegorik, som når purpursneglen, melankoliens natdyr fra *Af en snegls dagbog* og mange af hans grafiske blade, uformidlet opdukker i *Mødet i Telgte*, uden nogen anden påviselig tekstlig funktion end den selvciterende. Med en sådan teknik indmonteres et ikonografisk-allegorisk melankolibrudstykke i teksten som en lille henvisning for den indforståede, og skriftens "nacheinander" suspenderes et lille øjeblik, hvor perceptionen af skrift og billede falder sammen. Grass leger ligeledes flere steder i værket – som en barokpoet med det vældige forråd af konventionelle metaforer, der var samlet i de store barok-poetikker – med en symfoni af citater fra den europæiske melankolitradition, som f.eks. Saturn, den sorte galle og temperamentslæren og blander henvisninger til Aristoteles, Ficino, Schopenhauer, Freud, Benjamin, Lepenies og mange andre. Også de apokalyptiske visioner i *Rottesken* (*Die Rättin*, 1986), forfaldslandskaberne i digtsamlingen *Novemberland*, 1992, de indiske affaldsbjerge i *Række tunge* (*Zunge Zeigen*, 1988) og billed-tekstbogen om skovdøden *Totes Holz*, 1990 (Dødt træ) er båret af samme gennemtrængende

vanitasstemning og demonstrative, barokke melankoli som den, Dürers engel anticiperer.

Melankoli og allegorisk konstruktion er uløseligt forbundet hos Grass, og – som det vil vise sig – med en gennemreflekteret politik- og historieforståelse og en bevidst og offensiv allegorisk kunstpraksis, som får sin radikalitet og sine helt særlige karakteristika fra hans dobbeltbegavelse som skrift- og billedkunstner, der med hans egne ord skaber en "fortællen, som er i stand til at trække på alle registre".[18]

For at indkredse melankoliens funktion og dermed et væsentligt træk i den måde, hvorpå billed- og ordkunstneren Grass arbejder, vil jeg først se på to af hans kendte selvportrætter, der opviser hver en side af Dürer-englens melankoli: Den nedadbøjede og den opadskuende, tyngden og vitaliteten, destruktion og konstruktion.

To selvportrætter: Den allegoriske intention

På det grafiske blad *Selbst mit toten Fliegen*, 1992 (Selv med døde fluer)[19] (fig. 8) ser vi kunstneren i penetrant melankolsk udgave. Tyngden er så påfaldende, at vi som betragtere aner, at det nok ikke skal forstås som en psykologisk selvfremstilling, men snarere som en konstrueret selviscenesættelse med stærkt allegoriske træk, et programmatisk billede fra kunstnerens værksted. Læst ind i en Benjaminsk melankoli-sammenhæng og med *Melencolia 1* i erindring kan det tolkes som formulering af et melankolsk-allegorisk kunstnerisk koncept.

Øjenlåg, kinder, mund, skæg og skuldre stræber nedad, blikket er tungt,

Fig. 8. Günter Grass: SELBST MIT TOTEN FLIEGEN. *1992. Radering. 39,7 x 30 cm.*
Den melankolske attitude er fremtrædende på mange af Grass' selvportrætter. Her konfronteres kunstneren med den døde, ruinøse verden, som er materialet for de bevidste, kunstneriske konstruktioner.

og ansigtsfarven er mørkskraveret som hos Dürers engel og barokdigteren Gryphius i *Flynderen*. Billedet *er* ikke melankolsk, men citerer og fremviser performativt melankoli. Denne er her et lige så demonstrativt program, som når Grass i digtsamlingen *Novemberland* melankolsk-insisterende skriver: "Af bitter bryg flyder mit litani"[20] og i sonetform på bedste Kingo-manér ophober rækker af parallelle vanitasmetaforer.

Det er tungsindets saturniske blik, der citeres på billedet, opkaldt efter planeten Saturn, som ifølge antikkens arabisk-græske astrologi og temperamentslære var gud for det melankolske temperament på grund af sin langsomhed, kulde og tyngde. Samtidig anes på selvportrættet svagt den Dürerske ambivalens i blikket, idet tyngden ganske vist er stærkt dominerende, men med et vågnende glimt af intensitet og aktivitet.

Forfald og død hersker overalt med de døde fluer, som ligger i kaotisk uorden på bordet foran kunstneren. Melankolikerens verden er i Grass' streg åbenbart materiens eftermetafysiske verden; den er kontingent, død og faldet fra hinanden i fragmenter, de tilfældigt ophobede fluer, som ikke er indlejret i nogen levende, organisk sammenhængende orden eller natur. Kunstneren sidder foran en verden uden genkendeligt organiserende system eller iboende mening, som den klassisk-romantiske symbolteori forudsatte. Måske er det ligefrem det melankolske blik på fluerne, som har bortelimineret livet (betydningen og sammenhængen) fra dem; som har frataget dem deres indlejrethed i en større fortolkningshelhed og ladet dem ligge tilbage som kaotisk ophobede enkeltelementer – som en dynge spredte ruiner på papiret. Som en allegorisk, næsten barok billederuption, hvor alle tegnene gentager hinanden, og hvor deres antal ikke begrænses af at skulle efterligne en indre mening. Den romantiske symbolteoris store fortælling om naturen som en organisk helhed negeres på dette billede. Naturen (fluerne) er blevet frataget sin aura, er demonstrativt død eller, som Walter Benjamin formulerer det i det anførte citat fra *Ursprung des deutschen Trauerspiels*:

Når genstanden bliver allegorisk under melankoliens blik, når den lader livet flyde ud af den, når den ligger tilbage som død, men derigennem sikret for evigheden, så ligger den foran allegorikeren, udleveret til ham på nåde og unåde … [21]

[74]

Genstanden er uden egen betydning. Det er ikke verden, der taler til menne-
sket, som i den teologiske tradition, hvor den fortæller om Guds sammen-
hængende orden og mening, men omvendt mennesket, der tilskriver tingene
betydning. Det svagt vågnende blik antyder, at subjektet på allegorisk vis skal
til at skabe ikonografiske og tekstuelle konstruktioner af dette døde, splintre-
de kaos, at det skal til at udkaste tydninger af verden ved at gøre de livløse og
spredte fragmenter til betydende tegn, enten gennem tekst eller tegning –
verbalt eller visuelt.

En lang række andre selvportrætter (som ikke er afbildet i denne bog)
gentager insisterende dette tunge, melankolske udtryk, for eksempel *Vom
Kaktus beschützt*, 1992 (Beskyttet af kaktussen), *Nach dem Fischessen*, 1981
(Efter fiskespisningen), *Ich als Koch*, 1981 (Jeg som kok) og *Mit Handschuh
nachdenklich*, 1981 (Med handske eftertænksom).[22] På billedet *Ich als Koch*
stirrer Grass-ansigtet med de karakteristiske nedadgående linier for eksempel
intenst grublende på et afskåret gåsehoved. Den pågående sort-hvide streg
minder her som så mange andre steder om Dürer- og baroktidens nature-
mort kompositioner. Naturen er her i bogstaveligste forstand et dødt frag-
ment og – ligesom fluerne på *Selbst mit toten Fliegen* – parat til at anvendes
som materiale i en stillebenkomposition. Denne udtænkes af "kokken",
Grass' allestedsnærværende emblem for kunstnerens allegoriske kreativitet.

På billedet *Mit toter Eule*, 1991 (Med død ugle) (fig. 9) træder Dürer-eng-
lens anden side, konstruktionen, som lige var antydet i *Selbst mit toten Fliegen*
og *Ich als Koch*, frem med det skarpe, fikserende blik. Denne anden side af
melankolien kendes fra Aristoteles, som i sin *Poetik* (335 f. Kr.), i opposition til
Platons negative vurdering af melankoli som skin og uegentlighed, opvurde-
rer det melankolske temperament og kombinerer tyngden med skabende
aktivitet. Denne tanke tages i det 13. århundrede op af den italienske renæs-
sancefilosof Ficino fra Salernoskolen[23] og præger renæssancens og reforma-
tionens melankolibegreb. For eksempel blev Luther med hans voldsomme
aktivitet og kreativitet i kombination med dybe depressioner forstået som
melankoliker. Denne dobbelte melankoliforståelse bliver et vigtigt forestil-
lingsmønster i den moderne kulturs opfattelse af kunstneren som på én gang
lidende og genialt-subjektivt skabende. Med Ficinos teorier og i Dürers stik

formuleres ved begyndelsen til nyere tid med melankolibegrebet det modernes ambivalens af tungsind og optimisme, af selvopgivelse og selvhævdelse, af dystopi og utopi, som vi kender fra så forskellige litterære figurer som *Hamlet* (1601), Goethes *Werther* (1772) og Johannes Ewalds selvbiografiske jeg i *Levnet og Meninger* (1775). Også hos Grass er det en central figur, men blot med en helt anden betydning end den Wertherske diskursivering af det følsomme subjekt.

Sammenstillingen af de 3 enkeltelementer på billedet *Mit toter Eule* virker lige så uorganisk og ruinøs som de mange enkeltmotiver på Dürers tilsynela-dende rodede og tilfældigt sammenstykkede melankoli-billede. Verdens for-skellige ting indgår ikke i en kohærent, levende totalitet, som søges afbildet af kunstneren; billedet er derimod et rum, som kunstneren har fyldt med dispa-rate ting – i lighed med kombinationsprincippet i både barokkens rarietetska-binetter og nutidens hypertekst med dens rum fyldt med usammenhængen-de ikoner. Også denne opstilling citerer med sin ubevægelighed og rumlighed nature-mort-traditionen; fuglen er ligesom fluerne død, får ikke liv og betyd-ning fra naturen, men er et materiale for kunstnerens leg og betydningsdan-nelse.

Kunstner og beskuer skaber konstruktioner om verden med assistance fra det tredje element på billedet *Mit toter Eule*, nemlig Ilsebil-figuren, som er for-tællingens muse i *Flynderen* og en figur, som igen og igen dukker op i værket. Denne figurs påfaldende androgyni, som gentages på mange andre grafiske blade giver med ophævelsen af differencen mellem mandligt og kvindeligt, som er så central for vor vestlige kultur, et fingerpeg om et væsenligt træk i Grass' måde at konstruere og fortælle verden på, nemlig den antiklassicistiske uvilje mod at inddele verdens fænomener efter klare antinomier og den

Fig. 9. Günter Grass: MIT TOTER EULE. *1991. Aquatinteradering. 40 x 47 cm.*

MIT TOTER EULE *og* SELBST MIT TOTEN FLIEGEN *citerer sammen med en lang række andre gra-fiske værker Albrecht Dürers kobberstik* DIE MELANCHOLIE, *hvor melankoliens engel udtrykker samme ambivalens af tungsind og koncentreret vitalitet. Tilsammen spejler de to stik Grass' melankolsk-allegoriske koncept.*

manieristiske forkærlighed for den polysemiske og groteske repræsentations-
form.

Det vurderende blik ses på en lang række andre selvportrætter, for eksem-
pel *Porträt mit Krebs*, 1980 (Portræt med Krebs), *Selbst mit Butt und Federn*,
1980 (Selv med flynder og fjer), *Selbst mit Ratte*, 1985 (Selv med rotte).[24] Alle-
rede titlerne angiver det typiske, additive princip, hvor oprindelige fragmen-
ter er føjet sideordnet sammen, ligesom det er tilfældet på de barokke stil-
leben, hvor kunstneren har foretaget et udvalg blandt en række rekvisitter og
sammenstillet dem til virksomme kompositioner. På et andet billede, *Mit
Kali*, 1987/88 (Med Kali) – en reference til bogen *Række tunge*, som han skrev
og tegnede under et ophold i Calcutta – ligger kunstnerens afskårne hoved
som et skarpt fikserende fragment i en indisk verden af ruiner, død og forfald;
det er omgivet af ophobet affald, et par briller, et segl og den indiske døds-
gudinde Kali. Kunstnerhovedet befinder sig på samme niveau som de øvrige
fragmenter og ikke i en suveræn, tolkende og betydningsdefinerende subjekt-
objekt position. Den allegoriske skabelse af kunstneriske stilleben om den
døde, ikke-betydende verden, herunder subjektet, gennem tekst og ikon skal
her til at begynde.

På andre billeder ser man resultatet af denne bevidste kunstneriske *creatio*,
for eksempel *Sonnenblume mit Gänsekopf*, 1981 (Solsikke med gåsehoved). Tre
isolerede detaljer, en væltet solsikke, et afskåret gåsehoved og en nål med
tråd, ligger i tilfældig orden på et bord foran en murstensvæg. Billedet er en
ruinøs, konstrueret repræsentation af verden, og det er med de tre disparate
elementer ikke tilgængeligt for en hermeneutisk tolkning, men fremviser en
åbenlys diskontinuitet mellem tegn og betydning. Det afskårne gåsehoved er
imidlertid også interessant på en anden måde: Hvor det sene 18. århundredes
klassicisme og idealisme så sig konfronteret med de utallige ruiner af antikke
statuer og templer, som datidens udgravninger fremdrog, og anså det for en
uomgængelig del af forståelsesprocessen at slutte fra brudstykket / torsoen til
en oprindelig helhed, har Grass' billeder tydeligvis fragmentet som udgangs-
punkt, hvorved idealismens forestilling om en oprindelig enhed og ægthed
bag de synlige, adskilte fænomener afskrives.[25] Ligeledes ligger et sådant bil-
lede fjernt fra det klassisk-romantiske symbolbegreb med dets helhedstænk-

ning og syn på kunst som en privilegeret erkendelsesform, som middel til en umiddelbar, sand erkendelse af virkeligheden.

De kompositioner, som Grass sammenstiller på sine melankolske billeder minder med deres uorganiske og monterede struktur mere om en af barokkens mest elskede kunstarter, nemlig rarietetskabinettet med dets mosaikagtige og virtuelle struktur, end om den romantiske periodes organiske kunstværker. De "foretrækker brudstykket frem for helheden, fragmentet frem for systemet og torsoen frem for den fuldendte skulptur".[26] Og samtidig modsvarer deres kompositionsprincipper informationssamfundets behov for at ophobe ikonografisk formulerede informationer i et komplekst billedrum.

"Vi samler melankoliens forskellige grej". Günter Grass' melankolikoncept i Af en snegls dagbog

Det værk, hvor Grass mest gennemført anvender melankolidiskursen, er som nævnt *Af en snegls dagbog* fra 1972, hvor den bruges til en formulering af centrale træk i både hans æstetiske og politisk-historiske tænkning.

Bogen er en skildring af kunstnerens engagement i SPD's og Willy Brandts valgkamp i 1971, og den er sammenvævet af mange forskellige lag: Det historiske tema er den aktuelle valgkampsrejse med Grass' refleksioner over det tyske socialdemokrati i forhold til de politiske radikaliseringer på højre- og venstrefløjen, repræsenteret af den udenomsparlamentariske venstreopposition APO og højrepartiet NPD. Ind i dette flettes en del andre narrative lag: beretningen om jødernes skæbne i Danzig under 2. verdenskrig; mange glimt fra fortællesituationen, hvor forfatterjeg'et reflekterer over sin egen familiesituation og forsøger at forklare den problematiske tyske historie i det 20. århundrede for sine børn; det billedlige lag omkring centralemblemet sneglen og fortællingen om en fiktiv figur fra krigens Danzig, Hermann Ott, kaldet "Tvivl", som visse steder flyder sammen med forfatter- / fortæller-jeg'et. Endelig er der det helt centrale melankolitema: Fortælleren Grass opfordres til at holde et foredrag i Nürnberg i anledning af Düreråret 1971 og vælger som tema Dürers kobberstik *Melencolia 1*. Dette foredrag opstår som tekst i romanhandlingens forløb, kombineret med et væld af refleksioner over skriveprocessen, og afslutter romanen som et vedhæftet essay, der består af en serie skiftende udkast til melankoli-billeder, hvortil føjes Grass' selvtolkninger. Derved bliver bogen, ved siden af alle de andre temaer, en bog om det at skrive en tekst om et billede, en refleksion over og demonstration af ekfrasens bevægelse og det indbyrdes forhold mellem skrift og billede.[27] Desuden tematiseres betydningsdannelsen og fortolkningen – træk som bidrager kraftigt til bogens stærkt metarefleksive karakter.

Det er en yderst mangestemmig og kompliceret komposition af sammenføjede tekstfragmenter – lige så konstrueret og artificiel og med samme montageagtige konstruktionsprincip som de grafiske blade. Temaet er, som så mange andre steder hos Grass, især erindringen og historien, og disse kan i hans univers kun gengives komplekst og uden kronologiske sammenføjninger: "Erindringen må altid være kompleks" (s. 180),[28] som jeg-fortælleren formulerer det.

I bogen citeres i skøn uorden alle de nævnte melankolitraditioner: den sorte galle, Saturn ("galleagtig, bitter, retfærdig", s. 352), motiver fra Dürers stik såsom hunden, englen og sanduret; djævlen, Aristoteles, Ficino, den Benjaminske fyrstes tungsind. Alt væves sammen til en stor mosaik, der lægges ind i teksten, og som udgør et tekstligt stilleben af sammenføjede melankolifragmenter. Der er tale om en næsten ikonografisk kompositionsform, der er indlejret i narrationen og – som i den barokke litteratur – i lange afsnit bringer denne til ophør i ikonografisk-tekstlige ophobninger. Grass' utæmmelige hang til billed- og ordleg og verbal akrobatik kan iagttages overalt på dette plan, som når han sammenføjer to motiver fra *Melencolia 1*, hunden og englen til følgende udtryk: "I denne engel ligger hunden begravet" (s. 230), hvis eneste formål er vitsens leg med betydningsforskydninger. Den antiklassicistiske formvilje ses atter overalt, idet fragmenterne kombineres, så resultatet bliver heterogene sammenføjninger og grotesker ligesom på det grafiske blad *Mit toter Eule*.

I dette ækvilibristiske mosaikspil omkring melankoli kan der afgrænses to hovedbetydninger: På den ene side ses en anvendelse af melankolibegrebet som udtryk for et allegorisk betydningsdannelses- og konstruktionsprincip, som går gennem teksten som en metarefleksiv bevægelse, en løbende tematisering af dens egne tilblivelsesbetingelser og over forholdet mellem den verbale og visuelle repræsentationsform, herunder over det at fremstille en verbal tekst (foredraget) om et billede (Dürers grafiske blad). Dette selvrefleksive lag i *Af en snegls dagbog* udgør måske det samlede værks mest udførlige fremstilling af Grass' kunstneriske koncept, hvorfor det skal undersøges nærmere her. På den anden side formuleres i denne roman Grass' historiefilosofiske – politiske melankolikoncept. Begge dele indebærer et opgør med idealismens og især Hegels helhedskoncept for historie og æstetik. Forskningens store interesse for Grass' meget markante politiske og ideologiske samfundsrolle[29] har hyppigt stillet tekstens metarefleksive træk og poetologiske refleksioner helt i skyggen af det politiske indhold. Over for dette kan anføres Grass egen polemik mod den fortolkende fastlæggelse af et værks mening:

Samtlige kunstværker, om det drejer sig om et billede, en bog, en sonet, en komposition, er mangetydige, lever af mangetydighed – og interpretationen er altid fastlæggende. ... Det tjener ikke kunstværket. ... Jeg finder det langt mere interessant at ... spørge: Hvorledes finder han i denne fortælling ud af at få tid til at gå hurtigt og langsomt, at ophæve kronologi, med hvilket materiale arbejder han, hvilket materiale undertrykker han med rette for at historien ikke drukner i materiale. Det håndværksmæssige, fremstillingen af teksten lukker mere op end denne vage interpretationsmetode.[30]

En fokusering på melankolitemaet bringer imidlertid begge sider frem og viser, hvordan spørgsmålet om kunstens "hvad", her det politiske og historiefilosofiske udsagn, hos Günter Grass ikke kan adskilles fra dens "hvordan", de tekstlige strategier og deres refleksioner over betingelserne for den kunstneriske produktion. Med sammenfletningen af det politiske-historiske tema med de mange henvisninger til Walter Benjamins allegoribegreb antyder Grass, at melankoli for ham er et omfattende begreb, som udtrykker en fundamental holdning til og måde at tænke verden på, både politisk, historisk og æstetisk. En tænkning, som er formet af både skriften og billedet, og som er langt mere sanselig-konkret end den klassiske skriftkulturs abstraktioner.

"NATSNEGLEN – MIT LANGVARIGE PRINCIP".
GÜNTER GRASS' POLITISKE OG HISTORIEFILOSOFISKE MELANKOLIBEGREB

I *Af en snegls dagbog* er sneglen det dominerende emblemdyr for melankoli – ligesom den subsidiært er det for tvivlen, historien, erindringen, politikken og allegoriens betydningsdannelsesproces. Det er karakteristisk, at dette centrale emblem i bogen ikke har én sammenhængende betydning, at det ikke som et romantisk symbol peger hen mod én dybere mening, som det for læseren gælder om på hermeneutisk vis at genskabe, men ligesom enkeltfigurerne i Grass' stilleben og emblemer indgår i skiftende tekstlige konstellationer og får sine forskellige betydninger fra disse.

Med sneglen som natdyr knyttes forbindelsen mellem den og melankoliens mørke. Figuren "Tvivl" (den melankolske synd) er sneglesamler; han er "sørgmodig-komisk", en grotesk figur, idet "alt på ham er skævt", han "består af modsigelser", er skeptisk og "gråøjet" (s. 25) – en henvisning til Grass' centrale værdi gråtoner som alternativ til den klassicistisk klare sort-hvid-dikotomi. Den melankolske hovedfigur er med andre ord lige så kompleks og modsigelsesfyldt som bogens komposition og fortællestrategi.

Parallelt med "Tvivls" melankolske sneglestudier samler jeg-fortælleren stof til sit foredrag om Dürers *Melencolia 1*. I sammenhæng med hans spekulationer over "Tvivls" kilder til en videnskabelig afhandling om snegle nævnes både Benjamin og Dürer direkte som kilder: "Er det mon Dürers berømte kobberstik ... *Melencolia* ...?, er det fyrsternes tungsind eller sneglen som barok allegori?" (s.115).[31] På denne måde holdes den fiktive figur "Tvivl" og jeg-fortælleren sammen af melankoliens mosaik.

Sneglen, melankoliens emblemdyr, "er altid undervejs og forlader faste standpunkter" (s.182); den er bærer af Grass' "sneglefilosofi" og "ville ikke ankomme, ville forblive undervejs, ville ikke sejre" (s. 9). Som "formidler mellem melankoli og utopi" (s. 287) er den et blandingsvæsen, som mistror alle klare ideologier, systemer og utopiske mål. Den er "som sædvanlig brudstyk-keagtig" (s. 123), og alle helhedskoncepter for samfund og historie undermineres af sneglens brudstykkeskabende væsen, af dens "gråværdier" og dens "forkyndelse af tvivlen som ny tro" (s. 25).

Oplysningens tro på fornuftens fremadskridende proces og idealismens udkast til menneskehedens udvikling og dens helhedskoncepter for historien[32] – og her først og fremmest Hegels system for verdensåndens udvikling – er med den fragmenterende snegl som emblem for historien faldet fra hinanden, ligesom i Benjamins historiekoncept, hvor historiens engel, Angelus Novus, som en negation af det 19. århundredes og skriftens lineære historieopfattelse ser historien som en ruindynge:

Hvor en kæde af begivenheder kommer til syne foran os, der ser han en eneste katastrofe, som uafladeligt ophober ruin på ruin ... Han ville vel gerne føje det sønderbrudte sammen, men stormen driver ham uophørligt ind i fremtiden.[33]

Systemet – her det modernes historiekoncept i alle dets variationer – er for Benjamin såvel som for Grass blevet til ophobede ruiner og minder hermed om de døde, spredte fluer på det grafiske blad *Selbst mit toten Fliegen* og i det hele taget om Grass' forkærlighed for ophobning af ikonografiske detaljer og fragmenter. Denne ruinøse, verbal-ikonografiske repræsentation af historien bryder skriftens linearitet og store sammenhængende systemer op og betyder en tænkning af historien gennem på én gang skrift og billede. I den senmoderne verden med dens uddifferentiering af livsverdenerne må alle helhedssystemer nødvendigvis være ufuldstændige og repræsentationen af historien antage kompleksere former.

Også systemtænkningens yderst forskellige arvtagere i det 20. århundrede ironiseres i *Af en snegls dagbog* og nedbrydes af sneglens allegoriske og fragmenterende intention. Dette gælder på én gang for Hitlers og Stalins totalitære samfundssystemer, Ernst Blochs utopisk-socialistiske tænkning i *Geist der Utopie* (1923) og *Das Prinzip Hoffnung* (1954-59), den moderne arbejderbevægelses og kvindebevægelses organisationer med deres utopiske bevægelse "fremad" såvel som samtidens højre- og venstreradikale bevægelser NPD og APO. Det kan ikke undre, at Grass med denne bog gjorde sig forhadt hos næsten alle sine politisk engagerede landsmænd.

Det modernes historiekoncept med dets retning for fornuftens udvikling (som enten fremskridt eller forfald) karikeres af Grass med det gentagne billede af den hegelske verdensånd planløst til hest, i vild fart fremad, "bereden og galopperende" (s. 58) – en tydelig reference til Dürers grafiske blad *Ritter, Tod und Teufel*. Med typisk Grass-ironi skaber han som modsætning hertil billedet af Hegels verdensånd som en snegl til hest: "Hegels verdensånd skulle have valgt sig … en bereden snegl som billede" (s. 79).

I stedet for den galopperende bevægelse fremad er sneglens tidsmodus "stilstand i fremskridtet" (s. 351), som på typisk Grass-manér søges indfanget gennem ophobninger af legende, sproglige grotesker og paradokser som i følgende citat: "Den udgravede fremtid. Statistisk mystik. Biler viklet om træer" (s. 36). Som på de grafiske blade ser vi det additive kompositionsprincip: tre usammenhængende sætninger med konkret-paradokse sproglige billeder placeret i forhold til hinanden som enkeltikoner i et billedrum. Med et udtryk som "den udgravede fremtid" opløses forskellen mellem abstrakt og konkret ligesom det modernes lineære fremadrettethed, bogens og alfabetets modus. I "statistisk mystik" ophører dikotomien mellem *ratio* og *irratio*, og med et billede som "biler viklet om træer" ses, hvordan den paradokse kombination af stilstand og bevægelse, sneglens kategori, fastholdes næsten som en ikon af ord, hvor al skriftmediets abstraktion og linearitet er søgt fjernet.

Når utopien og retningen for historien er brudt i stykker gennem sneglens/melankoliens fragmenterende kraft og tvivl, så "stå op og begynd at bevæge dig, at bevæge dig fremad" (s. 37). Med et sådant udsagn forsøger Grass at formulere et koncept for historien, som er hinsides det traditionelt modernes velkendte historieudkast, både de bagudrettede undergangsvisioner, som for eksempel Spenglers berømte værk *Vesterlandets undergang* (1918-22), og de fremtidsrettede, hvor den utopiske tilstand står som afslutningen på historien – et koncept, som for Grass har umuliggjort sig selv med hitlerismen og stalinismen. Men heller ikke den postmoderne proklamation af "historiens afslutning" og "posthistorie" dækker Grass' "melankolske" historiebegreb, idet han, som i den grad evner at tænke og formulere sig i dikotomiophævende paradokser, på én gang insisterer på stilstand og på fremskridt – en samtidighed af standsning og bevægelse ligesom den samtidighed af skrift og billede, af visuel og verbal gestaltning, der karakteriserer hans æstetiske praksis. Man kan sige, at den ruinøse tænkning af historien, som

Benjamins *Angelus Novus* initierede, og som er en opbrydning af den skriftens linearitet og finalitet, der beherskede det 19. århundrede, hos Grass realiseres med en repræsentationsform, hvor skriftens og billedets perception falder sammen.

For denne erfaring søger han et forbillede i barokkens emblematiske kunst med dens interaktion mellem skrift og billede. Men sneglens bevægelse har hverken begyndelse eller afslutning og er dermed langt mere åben end barokkens billeder, som ganske vist er bevægelige, men hvor decentreringen i de ustadige billedophobninger altid kombineres med og afløses af en sluttelig centrering (for eksempel i den strenge sonetform, i arkitekturens symmetri o.lign.). Grass' melankolske sneglebillede afspejler snarere den struktur, som udfoldes i hypertekstens rhizomatiske netværker. Mediehistorisk kan man lidt tilspidset sige, at Grass med sneglebilledet formulerer et historiekoncept, der ligger hinsides Gutenberg-galaksens lineære model og tænkning og hinsides bogens sammenhængende nedskrivning, som med Johann Gutenbergs opfindelse af de bevægelige trykbogstaver i (ca.) 1440 over en periode af nogle hundrede år blev den dominerende mediale udtryksform i Europa.[34]

Når de store totalitetsskabende historiekoncepter som Hegels er splintret i fragmenter af det melankolske blik kan, som på *Selbst mit toten Fliegen* og *Mit toter Eule,* den allegoriske konstruktion af politik og historie begynde. Den allegoriske tale er for Grass en tolerant talemodus uden patent på sandheden og kan derfor anvendes som en konkret, ansvarlig diskursform for den politiske virkelighed, som Günter Grass selv praktiserede det med sin deltagelse i SPD's valgturné. Og denne konkrete indblanding i historien former sig som en snegleagtig, rhizomatisk bevægelse, uden sand retning, begyndelse og finalitet.

I modsætning til det modernes forskellige utopiske udkast holder Grass altså fast ved en historisk forandring, hvor historien er tænkt fragmenteret og uden fastformuleret endemål, uden sand lære og uden ankomst; en bevægelse, der er båret af melankoliens tvivl. Det er et historiekoncept, som på én gang er tænkt ud fra billedmediets rumlighed og skriftmediets tidslighed, som er båret af en fornuft uden fastlagt retning – og som for Grass netop derfor til enhver tid er politisk ansvarlig. Som det siges i et typisk konkretiseren-

de, verbal-ikonografisk Grass-billede: Som "sneglenes gangart: på glideslim …
i bølger" (s. 257). Med et sådant udtryk søger Grass, som ikke fornægter sit
åndelige slægtskab med Habermasskolen og dennes holden fast ved oplys-
ningsprojektets vilje til at arbejde for en fornuftig indretning af det menne-
skelige, kommunikative fællesskab, at fastholde en forestilling om fremskridt
som forpligtende for politik og historie, men formuleret uden for det traditi-
onelle fremskridtsparadigme, hvor retningen er defineret og derfor let får
totalitær karakter.

I 1970'ernes højre-venstrepolariserede samfund blev socialdemokratiet
med dets revisionisme og afvisning af alle det 20. århundredes mange former
for totalitarisme for pragmatikeren Grass det konkrete bud på, hvordan der
politisk kan arbejdes på grundlag af en melankolsk og allegorisk historiefor-
ståelse, der ser historiens udvikling som "en evolutionær, i sig selv forsinket,
faseforskudt, alt i alt snegleagtig proces" (s. 117). Med melankolien formule-
rer Grass altså et grundtræk i sin politiske og historiefilosofiske tænkning,
som gennemtrænger både hans kunstneriske værk og hans aktive politiske
virke, nemlig den altid tvivlende dynamik, der ledes af "ækelhedsfornem-
melse over for det absolutte" (s. 174) og skaber et koncept for historie og poli-
tik, som er åbent og mangestemmigt, som kan rumme modsigelser og para-
dokser, og som aldrig lukker sig til et færdigt system. For som sneglen siger:
"Der findes ikke et system, fordi der findes adskillige" (s. 216). Det er et kon-
cept, der gennem sin fragmenterende kraft splintrer alle totalitære helheds-
koncepter og som modvægt skaber politisk virksomme, aldrig sande fortæl-
linger om historien – "et kaos, som det er muligt at leve i" (s. 156).

I Grass' hidtil sidste bog *Mit århundrede* (1999) er denne negation af
ethvert system for beskrivelse af historien (bortset fra den nøgne kronologi)
ført ud i sin yderste konsekvens, idet bogen er opbygget af 100 små enkeltfor-
tællinger kombineret med 100 akvarelbilleder. Historien tænkes altså allego-
risk-fragmenteret, forstås i lige høj grad gennem billede og skrift og bliver der-
med til den for Grass typiske syntese af billedlig fortællen og fortællende bil-
leder. Med en sådan nutidig variant af det gamle *ut pictura poesis*-princip går
Grass bag om Lessings adskillelse mellem den verbale og ikonografiske
repræsentation, samtidig med at han rehabiliterer det foragtede (ikonografi-

ske) "allegoristeri". Resultatet bliver et romanrum, der består af lige dele skrift og billede, fyldt med hundrede skrift- og hundrede billedfragmenter af det 20. århundredes historie og fortalt uden bagvedliggende sammenhængende fortolkning af historien; en repræsentation af historien, der er opbygget som den ruindynge, Benjamins *Angelus Novus* var den første, der iagttog.

Et sådant kompositionsprincip bevirker, at man som læser fristes til at læse bogen på samme måde, som man aflæser nutidens billedskærm: At springe ukronologisk rundt i bogens brogede rum og på den måde skabe individuelle kombinationer af de mange mosaiksten af skrift og billede – og gennem denne interaktion med bogen selv skabe historiske fortolkninger, som opstår ved de netværksagtige tværforbindelser, som læseren etablerer mellem de enkelte historier og billeder. I *Mit århundrede* drager Günter Grass fuldt ud de æstetiske konsekvenser af det allegorisk-melankolske historiekoncept, som han udviklede i *Af en snegls dagbog.*

GÜNTER GRASS' ÆSTETISKE MELANKOLIKONCEPT

Når verdens forskellige ting for det allegorisk-melankolske blik ikke har betydning i sig selv, men først af allegorikeren gøres til betydende tegn, er enkelttegnene ikke bundet af en bestemt referentialitet, men får deres betydning af de konstellationer, de indgår i. De kan derfor udskiftes, ombyttes og sættes sammen i stadig nye kombinationer, og kunstneren bliver, som Benjamin formulerer det i bogen om det tyske sørgespil, en "mester *ars inveniendi* … som suverænt kan lege med mønstre". Digteren "må ikke skjule sin kombineren", fortsætter Benjamin, for kunst skal være tydelig som kunstig, som faktur.[35]

Om sin digteriske fremgangsmåde skriver Grass: "I mine digte forsøger jeg at befri konkrete genstande fra al ideologi. At tage dem fra hinanden, sætte dem sammen igen."[36] En sådan udskiften og ombytning er et grundtræk i Grass' kunstneriske praksis og et resultat af det melankolsk-allegoriske blik på verden, der, som Norbert Bolz udtrykker det, "underkaster sig naturen som materiale for en kunstig formning af verden"[37] – den situation, der sås på det grafiske blad *Selbst mit toten Fliegen*. Den kontingente verden opleves i moder-

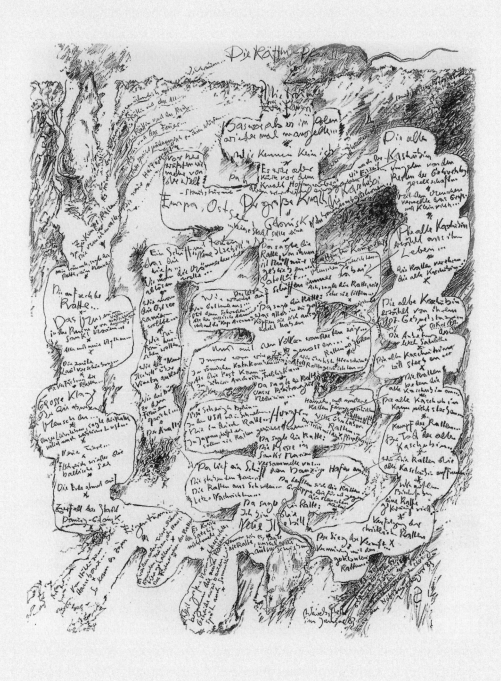

niteten som underkastet historiens forandring – den grunderfaring, som Benjamins *Angelus Novus* formulerer. Denne temporalisering betyder, at alle ting forfalder i usammenhængende fragmenter og ruiner uden sammenhængende fortolkning. Disse fragmenter er det materiale, den melankolske kunstner har at arbejde med ved sin fremstilling af verbale og visuelle billeder på verden. Ruinen er i det senmoderne (og for Grass) vilkåret, udgangspunktet og friheden til at skabe – ikke resultatet af en tabt helhed.

Disse tanker om den allegoriske betydningsdannelse og melankoliens fragmenterende kraft har Benjamin som nævnt udviklet gennem studier af baroktidens verbal-visuelle repræsentationsformer og inspireret af de elektronisk-visuelle mediers fremmarch i det 20. århundrede, som medfører en gradvis ændring i kulturens repræsentationsformer. Især erfaringen fra filmmediet med dets begreber original og kopi og med dets klippeteknik, hvor enkeltbilleder efter instruktørens vilje isoleres ud og sammenføjes igen med henblik på den filmæstetiske virkning ligger bag Benjamins formulering af allegoribegrebet. Grass, der som sagt har modtaget sin første og grundlæggende æstetiske prægning i beskæftigelsen med den visuelle kunst, i skulptur, maleri og grafik, har mere bevidst end nogen anden nutidig tysk digter adapteret denne allegoriens "klippeteknik" i både sine skrifter og sine tegninger – og dermed opgøret med kunstsymbolets totalitets- og autenticitetskrav. I *Rottesken* (fig. 10) "klipper" han for eksempel fem forskellige beretninger sammen i en stadig skiftende strøm, hvor de enkelte fortællelag påføres næsten rumligt, i lag på lag, som det sker ved udfærdigelsen af et maleri.

Ingen af fortællingerne/lagene har prioritet frem for andre. De er alle kopier og som sådanne (uautentiske) oversættelser[38] af hinanden og ikke tyn-

---

Fig. 10. Günter Grass: DIE RÄTTIN, PLAN II. *1983. Litografi. 77 x 59 cm.*

ROTTESKENS *monterede grundstruktur fremgår af Grass' grafiske plan for romankompositionen. Endvidere ses den labyrintiske fortællestruktur, hvor rotten (fortællingens "muse" ved siden af de fem andre fortællestrenge) befinder sig på vej ud og ind af labyrinten. Grass' neobarokke fortællelabyrinter bliver fra* ROTTESKEN *og til* EN LÆNGERE HISTORIE *stadig mere fluktuerende, åbne og uafsluttede og uden et orienteringscentrum, hvorfra verden til slut bliver ordnet.*

get af det referentielle krav. På samme måde elimineres i *En længere historie* den "sande" historie om den tyske genforening af Fontys fragmenterede snakken, pludren og citeren, som kredser i næsten endeløse, ophobende bevægelser omkring fraværet af den autentiske fortælling om historien. Denne bortskrives helt bevidst i en endeløst skiftende, sammenklippet mosaik af repræsentationer.

Denne mosaikstruktur skabes af melankoliens på én gang tungsindigt-fragmenterende og vitalt-konstruerende kraft, som vi så på de to grafiske blade *Selbst mit toten Fliegen* og *Mit toter Eule*, og kan genfindes som grundtræk i de mange poetologiske refleksioner, der som et metarefleksivt netværk er lagt ind i værket. I *Af en snegls dagbog* ser den melankolske sneglesamler "Tvivl" sneglen som "altid brudstykkeagtig" (s. 123) og som "den barokke allegori" (s. 115). Overalt ser han "dele og dele af dele, intet helt" (s. 156). Han "samler brudstykker" (s. 188), og denne samlervirksomhed er "aktivt udtryk for melankoli" (s. 263) – den grundlæggende strategi i narrationen.

På flugten fra Danzig medtager "Tvivl" en kopi af Dürers *Melencolia 1*, og ud fra enkeltmotiverne på denne kopi opbygger han – netop fordi det er en kopi og ikke den autentiske, uudskiftelige original – et stilleben, hvor alle enkeltdelene er udskiftet og ombyttet. Timeglasset erstattes af et lommeur, vægten af en brevvægt, hunden af to snegle osv. Bag en sådan beskrivelse aner man den kombinerende billedkunstner Grass, som eksperimenterende og udskiftende sammenføjer enkeltdele til et stilleben som *Mit toter Eule* og sammensætter sit eksotiske og manieristiske rarietetskabinet.

På samme måde beskriver bogens jeg-fortæller sin fortællen. Også han jonglerer med tekstruiner og er (som den historiske Walter Benjamin) samler. At samle er "virksomt udtryk for melankoli" (s. 263), og han "samler melankoliens forskellige grej" i en udskiftende bevægelse: "Hendes kram kan udskiftes, senere vil jeg udskifte det" (s. 145). Videre siger han om sin omgang med verdens fragmenter: "En del af delen tager jeg først, mens en anden del først vil forekomme senere og så også kun delvist" (s. 14). Vi ser, hvordan symbolets totalitet og aura er fuldstændig ophævet i dette mosaikagtige tekstunivers, hvor alle enkeltdele er underkastet udskiftningens lov. Den kunstneriske proces består i en samlen af brudstykker, som indgår i skiftende konstel-

lationer uden nogen sinde at føje sig til et organisk hele og et symbolsk ud-
sagn om verden. Hele bogen er – et træk som i stadig stigende grad karakte-
riserer Grass' værk – en stadig omrokering af et vist antal elementer, som i
ophobende, serielle bevægelser indgår i stadig nye konstellationer. Hermed er
vi ved allegoriens grundbevægelse: de iterative, konstante rearrangementer
og fortsatte oversættelser, hvor betydningen forskydes uendeligt og verden
fremstår som sprogligt og ikonografisk gestaltet. Dette kan aflæses umiddel-
bart af Grass' grafiske værk, men kendetegner også de litterære tekster og gør
dem tunge og svulstigt barokke.

Ordet "udskiftning" bruges som sagt igen og igen i romanen om den kunst-
neriske fremgangsmåde. Denne udskiftning sker i en forskydende bevægelse:
"Mine rekvisitter forskubber sig" (s. 208), siger jeg-fortælleren. At samle, sam-
menføje, udskifte, forskyde og ombytte er teknikker fra de visuelle og elektro-
niske repræsentationsformer som for eksempel filmen, musikvideoen, billed-
montagen og allertydeligst i "surferens" omgang med nettet. Disse teknikker
skaber i Grass' litterære værker voldsomme ikonografiske ophobninger, som
indføjes i narrativiteten, som – typisk for den modne og ældre Grass – i lange
perioder standser i vældige, statiske billederuptioner, der bedst kan karakteri-
seres som visuelle repræsentationer i verbal iklædning. Med disse ikonografi-
ske standsninger i narrativiteten sker der en fortætning og kompleksificering
af informationsmængden og udsigelsen i forhold til det traditionelle, lineære
skriftmedie.

Sågar de to bærende billeder i *Af en snegls dagbog*, sneglen og *Melencolia 1*
– dvs. de elementer i teksten som den traditionelle læsning bruger til at finde
frem til værkets egentlige udsagn – udsættes for denne manieristiske og con-
cettisk tilspidsede udskiftnings- og forskydningsstrategi, som er grundbe-
vægelsen i vitsen, og som producerer værkets dybe humor.[39] Sneglen optræ-
der i konstante forskydninger: Som en glidende, springende, ridende, sni-
gende snegl; som natsnegl, purpursnegl og dagsnegl; som deltager i snegle-
væddeløb, i sneglelabyrinter, baglæns ridende på en hest osv. I forhold til det
helt centrale billede i bogen konfronteres læseren altså med en forskydelig,
glidende og modsigelsesfuld betydningsmosaik uden fast centrum, hvor hver

betydning er foreløbig. Den modne og ældre Grass' værker bliver fra *Af en snegls dagbog* i stadig højere grad "åbne kunstværker" i Umberto Ecos forstand – kunstværker, som er karakteriseret af en fundamental ucentrerethed og rhizomatisk bevægelighed i de semiotiske tegn, og hvor "hver hændelse, hvert ord står i en mulig relation til alle andre".[40]

Det samme gælder for bogens andet centrale billede, *Melencolia 1*. Både "Tvivl" og fortælleren besidder en kopi af kobberstikket,[41] og disse kopier underkastes klipningens og forskydningens lov. Hvor "Tvivl" mod slutningen af romanen som nævnt opbygger sit stilleben af *Melencolia 1*-kopien, hvor alle delene er udskiftet, behandler fortælleren sin kopi på lignende måde. Englens "kram" og "grej" forskydes og ombyttes hele bogen igennem med andre elementer. Denne teknik radikaliseres stadig mere og udfoldes fuldt ud i det essay, der afslutter værket, "Om stilstand i fremskridtet. Variationer over Albrecht Dürers kobberstik *'Melencolia 1'*", der som titlen viser består af en serie skiftende verbale billeder af Dürers billede. Melankoliens engel bliver her i en glidende serie af udskiftninger til blandt andet en arbejderkvinde ved et samlebånd, til "Touristica" – en forbruger af moderne samlebåndsturisme, en forstadshusmor ("den grønne enke") og en socialistkvinde. Essayets grundstruktur er denne serielle ekfrase med metamorfosen som bærende figur.

Da selve udgangspunktet, Dürers kobberstik, af gode grunde er en kopi, ligesom næsten alt andet, vi kommer i berøring med fra den kulturelle og historiske overlevering, er ingen betydning bundet af en fast referentialitet og ingen betydning uudskiftelig i dette tekstlige rum, hvor kunstneren suverænt jonglerer med sine verbale og visuelle byggeklodser. Resultatet bliver en leg mellem brudstykker af kopier uden oprindelig ægthed, mellem billeder og

Fig. 11. Günter Grass: MEMENTO MORI. *1986. Radering. 48 x 38 cm.*

"Kom døden i hu" – barokkens grundtenor om altings forgængelighed. Grass' værk er fyldt med vanitasbilleder, og med et billede som dette citeres barokken åbenlyst. Kombinationen af kraniet og fortællingens emblemdyr fra ROTTESKEN *antyder fortællingens "døde", dvs. konstruerede og artificielle karakter.*

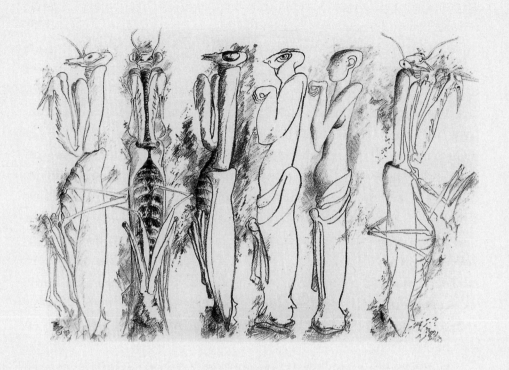

repræsentationer – og en demonstration af, at der bag hvert billede, man konstruerer, altid findes et andet billede. Ifølge Norbert Bolz er dette et karakteristisk træk ved hele det moderne vidensdesign, som "radikalt har stillet om fra referens til intertekstualitet",[42] dvs. til allegoriens paradigme for kunsten.

Der er en indre logik i, at denne ekfrasiske leg med brudstykkerne af et billede udmunder i et essay, hvor Grass gennemformulerer sit politik- og historiesyn. For essayet, der som tekstform skabes af Montaigne i 1580, er netop en genre, der ligesom den samtidigt opstående moderne roman præges af begyndende selvrefleksivitet, og som ved besked med alt det skrevnes relativitet. Eller som Th. Adorno formulerer det i "Der Essay als Form" (1958): "Essayets inderste formlov er kætteriet." Essayets tænkning er i direkte modstrid med den diskursive logik, det er "overgangens begrebsløse kunst, der formår at indfange modsætninger og sprænge faste begreber". Essayet er for Adorno tillige en bevægelig og intens repræsentationsform: "Den svage eftergivenhed i essayistens tankebaner tvinger ham til større intensitet end i den diskursive tænkning, fordi essayet ikke som denne handler blindt, automatisk, men i hvert eneste øjeblik er nødt til at reflektere over sig selv." Essayet er desuden ironisk og usystematisk i omgang med sine begreber; det "fornægter urbegivenheder", dvs. det er antiessentialistisk og besidder som "konstrueret nebeneinander" affinitet til billedet.[43]

Mange af Adornos karakteristika for essayet passer på Grass' "melankolske", systemnegerende politiske og historiske koncept og på den verbal-visu-

Fig. 12. Günter Grass: METAMORPHOSE. *1981. Litografi. 63,5 x 91 cm.*

Metamorfosen er en grundfigur hos Grass og i den manieristiske tradition, herunder i nutidens neobarokke smag. Tegningen skildrer seks forvandlingsstadier fra en græshoppe over en kvindefigur og tilbage til en græshoppelignende figur. Metamorfosen fremstiller tegnenes verden som underkastet forvandlingens lov og er en udbredt figur i nutidens digitale billedrum. De enkelte tegn kombineres her ikke længere alene gennem snit og montage, som i den tidlige elektroniske foto- og filmkultur, men hyppigt gennem metamorfosens grænseafsøgende, bevægelige forvandlinger. Serierne af variationer over samme figur kan – som i "Om stilstand i fremskridtet" – fortsætte endeløst, fordi den "egentlige" figur, originalen, mangler.

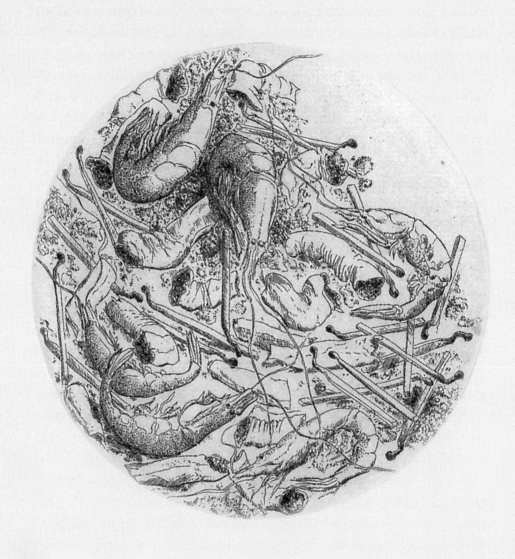

elle, altid forskydende, ironiske og begrebsnegerende talemodus, som han arbejder med for at skabe en sproglig-ikonografisk repræsentationsform, der kan indfange den nutidige verden i dens kompleksitet og modsætningsfuldhed. Grass' essay om *Melencolia 1* er med dets suveræne, udskiftende og forskydende leg med verbale brudstykker af et billedes billeder og den serielle fremstilling af kopier af en kopi et fremragende eksempel på, at essayet skaber et tekstligt rum, hvor den Benjaminske allegoris kritiske fragmentering med dens radikale analyse kan finde sted:

Brudstykker, revner, huler bliver således erkendbare. Og netop der kan kritikeren anbringe ny viden. Det kritisk splintrede værk bliver på denne måde til et opbevaringssted for viden, som der ikke findes nogen systematisk fremstilling for.[44]

På denne måde bliver melankoli og allegori både et erkendelsesmæssigt, politisk, historiefilosofisk og æstetisk anliggende for Grass.

"Sandheden – en afføring, der aldrig kommer"

Sandhed er i Grass' univers, som det på typisk konkret, provokerende og grotesk måde siges i *Af en snegls dagbog*, "en afføring der aldrig kommer" (s. 199). Tilsvarende er jeg-fortælleren "rig på anden- og tredjesætninger, fordi den første ikke vil komme" (s. 233). Derfor er verden ruinøs og ikke holdt sammen af en tydning, og den melankolsk-allegoriske kunstner må ligesom englen på Dürers billede, der sidder omgivet af en mængde genstande uden sam-

Fig. 13. Günter Grass: KIPPEN UND KRAPPEN II. *1974. Radering. Diagonal: 20 cm.*
"Konfrontationen med det konkrete er mit tema", skriver Grass i "Bin ich nun Schreiber oder Zeichner?", 1979, og med sin "tvang til at se nøjere på tingene" retter Grass typisk blikket mod de små detaljer. Som en svævende måne holdes verdens ruinøse og uorganisk sammenføjede fragmenter (her cigaretskod og rejer) sammen af cirkelformen. Figuren angiver eksemplarisk stedet for den Grass'ske udsigelse: Det altid fluktuerende skæringspunkt mellem kaos og orden.

menhæng, tage Guds redskab i hånden og bevidst skabe fortællinger og billeder om verden – "løgnehistorier", som de kaldes med en konkret Grassomskrivning af den allegoriske intention. Grass ved, som den verbale og visuelle retoriker han er, at det menneskelige tegnsystem, ligegyldigt hvilket medie, det benytter sig af (for eksempel dans, sang, skulptur, bog, ikon, computer), ikke er "naturligt", men at kunstneren altid skaber sprog, ikon m.m. og henvender sig til en læser med tilbud om en struktureret og tydet verden.[45]

En sådan tydning er som sagt ikke sand i metafysisk forstand. I *Af en snegls dagbog* ved digteren, at han lyver, men gennem løgnene bliver fortællingen sandsynlig: "Løgne, men netop derigennem sandsynlige." (s. 169) Kunstneren Grass tilbyder ikke en helhedserkendelse af en objektiv virkelighed, men fortællinger, der netop ved at vedkende sig deres løgnestatus bliver "sandsynlige" og dermed retorisk-kommunikativt virksomme, som Aristoteles fordrede det af digtningen. På ægte allegorisk vis tager han virkelighedens genstande, gør dem til tegn og konstruerer af dem tekster og billeder i interaktion med hinanden for myndigt og demokratisk at tage del i politik, samfund og kunst. Hos Grass finder vi en repræsentationsform, som altid tillader ny viden at blive formuleret, og som aldrig falder til ro i en sidste tydning af verden – men som netop derfor er politisk operativ og virksom. Grass er da også sammen med Hans Magnus Enzensberger, som til en vis grad kan forstås ud fra samme æstetiske koncept, den tyske kunstner, som i tiden efter 2. verdenskrig har opnået størst gennemslagskraft – på trods af hans værkers komplicerede karakter. Artificialitet, leg og samfundsengagement er hos Grass ikke modsætninger, men forudsætter og understøtter hinanden i hans melankolsk-allegoriske kunstpraksis.

1] Walter Benjamin: *Ursprung des deutschen Trauerspiels* i: Walter Benjamin: *Gesammelte Schriften* (Rolf Thiedemann og Hermann Schweppenhäuser, udg.). Frankfurt am Main 1974, I.1, s. 359. Alle citater fra tysk i denne artikel er egen oversættelse.

2] Benjamin: *Ursprung des deutschen Trauerspiels*, s. 9.

3] Gottfried Benn: *Gesammelte Werke in acht Bänden* (Dieter Wellersdorf, udg.). Frankfurt am Main 1978, bd. 4, s. 76.

4] Günter Grass: "Fortsetzung folgt" i: Günter Grass: *Fortsetzung folgt ... Literatur und Geschichte*. Göttingen 1999, s. 31.

5] Se hertil Anne-Sofie Dideriksens artikel i denne bog "'For ham ville det, som engang havde været, ikke tage ende'. Om historisk fortælling hos Günter Grass".

6] Som for eksempel "Über meinen Lehrer Döblin" (1967) i: Günter Grass: *Die Deutschen und ihre Dichter*. Göttingen 1995.

7] Som talen "Literatur und Geschichte" (1999) i: Grass: *Fortsetzung folgt* (jf. note 4).

8] Se hertil essaysamlingen Grass: *Die Deutschen und ihre Dichter* (jf. note 6).

9] R. Klibansky, E. Panofsky, F. Saxl: *Saturn und Melancholie*. Frankfurt am Main 1992.

10] Benjamin: *Ursprung des deutschen Trauerspiels* (jf. note 1).

11] Ligeledes i de to essays "Kleine Geschichte der Photographie" (1931) og "Das Kunstwerk im Zeitalter seiner technischen Reproduzierbarkeit" (1935).

12] Marshall McLuhan: *The Gutenberg Galaxy*. London 1962. Og Norbert Bolz: *Am Ende der Gutenberg-Galaxis*. München 1993.

13] G.E. Lessing: *Laokoon: Oder über die Grenzen der Mahlerei und Poesie* (1766). Se hertil Bengt Algot Sørensen: *Allegorie und Symbol. Texte zur Theorie des dichterischen Bildes im 18. und frühen 19. Jahrhundert*. Frankfurt am Main 1972, s. 61-62.

14] F.eks. i det centrale essay "Über das Zeichnen und Schreiben" i: Günter Grass: *In Kupfer, auf Stein*. Göttingen 1994. Og i Nobelpris-talen „Fortsetzung folgt" (jf. note 4). Se endvidere Kirsten Molly Søholm: "'Skrive og tegne med samme blæk'. Om skrift og billede hos Günter Grass" i denne bog.

15] Günter Grass: *Der Butt*. Göttingen 1995, s. 92. Denne udgave betegnes som den endelige og indeholder både epik, lyrik og grafik.

16] Se hertil Ludwig Völker (udg.): *Komm, heilige Melancholie. Eine Anthologie deutscher Melancholie-Gedichte*. Stuttgart 1983.

17] Alexander Weber: *Günter Grass' Use of Baroque Literature*. London 1995, s. 80ff.

18] Grass: *Fortsetzung folgt* (jf. note 4), s. 42.

19] Grass: *In Kupfer, auf Stein* (jf. note 14). Alle de her omtalte billeder er fra denne bog.

20] Günter Grass: *Novemberland. 13 Sonette.* Göttingen 1993, s. 25.

21] Benjamin: *Ursprung des deutschen Trauerspiels* (jf. note 1), s. 359.

22] De nævnte billeder findes i Grass: *In Kupfer, auf Stein* (jf. note 19).

23] Til melankolibegrebets historiske udvikling se Klibansky m.fl.: *Saturn and Melancholie*, (jf. note 9).

24] Grass: *In Kupfer, auf Stein* (jf. note 19).

25] Se hertil Clifford Geertz: *Welt in Stücken.* Wien 1996.

26] Norbert Bolz, Willem van Reijen (udg.): *Ruinen des Denkens. Denken in Ruinen.* Frankfurt am Main 1996, s. 9.

27] Til den retoriske figur ekfrase se W.J.T. Mitchell: *Picture Theory.* Chicago 1994.

28] Günter Grass: *Aus dem Tagebuch einer Schnecke.* Darmstadt und Neuwied 1972. Alle følgende cita-ter fra *Aus dem Tagebuch einer Schnecke* er egne oversættelser fra denne udgave, og sidetal anføres i parentes efter citatet.

29] Dette er f.eks. tilfældet i Volker Neuhaus: *Schreiben gegen die verstreichende Zeit. Zu Leben und Werk von Günter Grass.* München 1997. Og Jürgen Rothenberg: *Günter Grass. „Das Chaos in verbesserter Ausführung." Zeitgeschichte als Thema und Aufgabe des Prosawerks.* Heidelberg 1976. Også for Ute Brandes: *Günter Grass,* Berlin 1998, er værket først og fremmest en politisk roman. Dieter Stolz (*Günter Grass. Zur Einführung.* Hamburg 1999) betegner romanen som "primært struktureret efter æstetiske love", men uden at redegøre nærmere herfor.

30] Günter Grass og Jürgen Wertheimer: "Werkstattgespräch. Seminar im Rahmen der Tübinger Poetik-Dozentur (18. Juni 1999)" i: Jürgen Wertheimer m.fl. (udg.): *Günter Grass. Wort und Bild.* Tübingen 1999, s. 48.

31] Her citeres direkte Benjamins *Ursprung des deutschen Trauerspiels* (jf. note 1).

32] For eksempel Schillers berømte værk: *Über naive und sentimentalische Dichtung* (1795/96), hvor menneskehedens historie inddeles i tre store epoker.

33] Walter Benjamin: "Über den Begriff der Geschichte" i: Walter Benjamin: *Gesammelte Schriften.* (Rolf Thiedemann og Hermann Schweppenhäuser, udg.). Frankfurt am Main 1994, I.2, s. 697.

34] McLuhan: *The Gutenberg Galaxy* (jf. note 12). Og Michael Giesecke: *Der Buchdruck in der frühen Neuzeit.* Frankfurt am Main 1991.

35] Benjamin: *Der Ursprung des deutschen Trauerspiels* (jf. note 1), s. 9.

36] Günter Grass: "Über das Schreiben von Gedichten" (1958) i: *Werkausgabe* (Volker Neuhaus og Daniela Hermes, udg.). Göttingen 1997, bd. 14, s. 23.

37] Bolz og van Reijen (udg.): *Ruinen des Denkens. Denken in Ruinen* (jf. note 26).

38] Jf. Walter Benjamins begreb "oversættelse" i "Die Aufgabe des Übersetzers" i: Walter Benjamin: *Gesammelte Schriften* (Rolf Thiedemann og Hermann Schweppenhäuser, udg.). Frankfurt am Main 1972, IV.1, s. 18ff.

39] Jf. Sigmund Freud: *Der Witz und seine Beziehung zum Unbewussten* i: Sigmund Freud: *Gesammelte Werke* (Anna Freud et al., udg.). London 1940-1993, bd. 6.

40] Umberto Eco: *Das offene Kunstwerk*. Frankfurt am Main 1977, s. 39.

41] Flere steder betegnes det som "reproduktion" (f.eks. s. 142 og 151) og "kunstpostkort" (s. 173).

42] Bolz: *Am Ende der Gutenberg-Galaxis* (jf. note 12), s. 218.

43] Theodor Adorno: "Der Essay als Form" i: *Noten zur Literatur I*. Frankfurt am Main 1958, s. 45-49.

44] Bolz og van Reijen (udg.): *Ruinen des Denkens. Denken in Ruinen* (jf. note 26), s. 17.

45] Jf. Jan Lindhardt: *Retorik*. København 1999.

"Min gamle Olivetti
er vidne"
Lyrikeren Günter Grass'
sandfærdige løgnehistorier

Af Dieter Stolz[1]

I mine digte forsøger jeg at befri konkrete genstande for al ideologi gennem en overskarp realisme, at pille dem fra hinanden og sætte dem sammen igen og bringe dem i situationer, hvor det er vanskeligt at holde masken, hvor det højtidelige må le, fordi ligbærerne sætter for alvorlige miner op til at man kan tro, at de involverer sig.

GÜNTER GRASS: *"Über das Schreiben von Gedichten" (1958)[2]*

Hvem taler sandt?

Som indledning til ethvert foredrag, der bestræber sig på at være entydigt, står mindst to begrebsdefinitioner. På den måde ved man, også som videns-hungrig tilhører, hvad man har, og omvendt:

SANDHED, 1. Herunder må fremhæves 1) den logiske eller formale sandhed. For at en dom eller slutning, hvadenten den angår tænkte eller virkelige objekter, skal være sand, må først og fremmest de logiske grundprincipper være fulgte. Det fundamentale princip i logikken er identitetsprincippet, det logiske udtryk for det psykologiske krav på helhed og selvover-ensstemmelse ...[3]

Det er – selv når såvel de ontologiske som de religiøse aspekter af sandheds-
begrebet endnu slet ikke er berørt – næppe til at overse: På grundlag af denne
definition kommer vi ikke særlig langt. I hvert fald kan der endnu ikke være
tale om et Kolumbusæg. Det kan altså kun blive bedre. Lad os derfor prøve fra
den anden side:

LØGN, bevidst usandt udsagn eller usand påstand (i modsætning til fejltagelse). For løgn
findes der forskellige bevæggrunde (for eksempel angst, behov for selvhævdelse, beregning,
høflighed hhv. hensyn). Hos barnet kan man ikke tale om løgn, eftersom det endnu ikke
kan skelne mellem realiteten og sine fantasiprodukter. – Overdimensioneret hang til løgn
er hos voksne udtryk for en psykologisk fejludvikling, som først og fremmest hænger sam-
men med fejl i opdragelsen. I patologisk form ytrer hangen til løgn sig i sygdomsbilledet
Pseudologia phantastica (hang til at fortælle fantastiske, dog delvis sandfærdigt forekom-
mende historier).[4]

Lyder allerede mere lovende, ikke sandt? Man kan ved en sådan defini-
tion forestille sig hentydninger til det meget omtalte barn i manden,
eller måske til Ipsens *Peer Gynt*[5] i den vordende lyriker. Formodninger
om en uforbederlig kunstnernatur og løgnhals trænger sig på ligesom
vovede teorier om en usædvanligt fantasifuld skælm – den, der lyver én
gang, ham tror man ikke, selv når han taler sandhed – om hvem det hed-
der i absolut pålidelige kilder: "Deri var han fra begyndelsen af, allerede
som lille splejs, en mester. Kunne lyve så stærkt, som en hest kan rende
og love guld og grønne skove."[6] Men alligevel svarer heller ikke denne
ansats på ingen måde til sagens kerne, for litteraturvidenskabsmanden i
mig går – bevidst – i en stor bue uden om biografisk-psykologiske forkla-
ringsmønstre. Hvad er der så tilbage? Tilbage er så vel kun den opmærk-
somme lekture af de sandfærdige løgnehistorier selv, som deres opfinder,
en mester i svimlende krumspring, vil at man forstår som poetisk udtryk
for tvivlen. Men hvem ved, om vi kan stole på ham, den slyngel? Derfor:
Nu er De advaret, og jeg vil uden omsvøb begynde med det væsentlige,
for: "Æg, som blev serveret som blødkogte, kontrollerer man bedst med
en ske."(14, 20)

Pyt med troen – her skal tvivles

Ingen sandhed er altså mere sikker, mere uafhængig af alle andre og mindre afhængig af
et bevis, end den, at alt som eksisterer for erkendelsen, altså hele denne verden, kun er
objekt i relation til subjektet, kun er den anskuendes anskuelse, med et ord: forestilling.

ARTHUR SCHOPENHAUER: *Die Welt als Wille und Vorstellung*

Der hersker ingen tvivl om, at alle litterære værker af Günter Grass stammer
fra denne "æggeformede verden" (5, 374), en forestillingsverden, som imid-
lertid kunne være en drøm, hvem der så end måtte have drømt den:

> Vi lever i ægget.
> Skallens inderside
> har vi smurt til med uanstændige tegninger
> og vore fjenders fornavne.
> Man ruger på os.
>
> Hvem end der måtte ruge på os,
> så ruger han også på vor blyant.
> Er vi udruget en skønne dag,
> går vi straks i gang med
> at skabe os et billede af rugeren.
>
> Vi antager, at vi bliver udruget.
> Vi forestiller os et godmodigt fjerkræ
> og skriver stile
> om vor rugehønes
> farve og race.

Hvornår smutter vi ud?
Vore profeter i ægget
strides for middelmådig betaling
om rugetidens varighed.
De regner med en dag X.

Af kedsomhed og ægte behov
har vi opfundet rugekasser.
Vi bekymrer os meget om vort afkom i ægget.
Gerne ville vi anbefale vort patent til hende,
som våger over os.

Men vi har et tag over hovedet.
Senile kyllinger,
embryoner med sprogkundskaber
taler hele dagen
og diskuterer selv deres drømme.

Og hvad nu hvis vi ikke bliver udruget?
Hvis denne skal aldrig får et hul?
Hvis vor horisont kun er vore skribleriers horisont
og også forbliver det?
Vi håber, at man udruger os.

Også selv om vi kun taler om rugningen,
må man dog frygte, at en eller anden,
uden for vores skal, føler sig sulten,
slår os ud i panden og strør salt på os. –
Hvad gør vi så, I brødre i ægget? (1, 76-77)

Dette tidlige, men allerede programmatiske digt kan næppe overvurderes med hensyn til dets vidnesbyrd om forfatterens filosofiske og æstetiske position, for der findes ingen tekst af Günter Grass, som ikke foregår "i ægget".[7] Til at begynde med synes alt at være i den bedste orden derinde. Et godmodigt stykke fjerkræ vogter over sine kyllinger. Men fra strofe til strofe drages denne interpretation af verden mere og mere i tvivl. Visheden afslører sig som ren spekulation eller naiv ønsketænkning – " vi antager, at vi bliver udruget" – indtil visheden i sidste strofe helt forvandler sig til tvivl. Over for det teologisk prægede verdenssyn formuleres en sekulariseret holdning, men uden at der dermed peges på alternativer. Ingen ved, hvor længe rugetiden endnu vil vare, eller om "denne århundredelange rugen dog omsider ikke er blevet et mål i sig selv" (3, 250). Måske bliver "vi" altså slet ikke udruget, eller måske er det ikke et strålende hvidt, men et truende sort fjerkræ, der udruger os – og hvad så? Digtet om grænserne for den menneskelige bevidsthed kommer ikke videre end til dette spørgsmål. Det demonstrerer, at det ikke er muligt for kyllingerne i det meget lidt påskeagtige æg at nå til sikre udsagn eller absolut gyldige vurderinger af deres ikke ligefrem krystalklare, men derimod uigenkaldeligt tågede situation. Alle æggebeboere henvises til deres egne drømme og hjernefantasier over og under bæltestedet: Den, som ikke mere tror på noget, bygger af kedsomhed rugekasser, som i det mindste sørger for efterkommerne, altså for slægtens overlevelse, og som garanterer tilblivelsen i verdensægget. Andre derimod håber stadig ud fra et ægte men utilfredsstillet behov, at den hermetisk lukkede æggeskal alligevel sprænges en skønne dag, og at en befriende sandhed viser sig med og bringer lyset af den humaneste af alle verdener. Men de patentløsninger, som hidtil er udviklet, formår ikke at åbne for optimistiske udblik. Selv det jeg, som digteren opfinder, byder kun læseren på et katalog af muligheder, som alle sammen forbliver svævende. Som fornuftsinstans kan det ikke tage et fast standpunkt, ikke forkynde nogen urokkelige postulater. Det lyriske jeg foregiver ikke at gennemskue meningen eller formålet med den absurde æggehistorie. Alle kyllingers erkendelseshorisont forbliver altid deres egne skribleriers begrænsede horisont.

Med denne bevidsthed gør den gennemironiske skeptiker grin med sine lettroende lidelsesfællers håb om forløsning. Men han spotter også over eska-

tologiens skinhellige profeter, som foregiver at kunne stille ultimative forkla-
ringsmodeller i udsigt, for eksempel det Himmelske Jerusalem eller forskellige
jordiske paradiser.

Kort og godt: I disse rimløse strofer formuleres det traditionsrige spørgs-
mål om en mulig transcendens og dermed om forholdet mellem Gud, verden
og menneske. Høne, æg og æggebeboere tjener hos den forfriskende ukon-
ventionelle lyriker til at udforske problemet med den for alle rettroende
"metafysiske treenighed" på sin egen humoristisk-skeptiske måde. Undere
udebliver; det fiktive forfatter-jeg skitserer i dette historie- og transcendental-
filosofiske digt et principielt trøstesløst verdensbillede uden en "Vorherre";
trist, men sandt, som man siger. Livet går – på trods af dette – videre (end det
er tilladt):

KORT SØNDAGSPRÆDIKEN

Gud er – ifølge Nietzsche – død,

men stadig anvendelig som

allround-våben

og i handlen over hele verden,

fordi han ikke er ophavsretsligt

beskyttet.[8]

Den ikke-troende moderne digter med hans omnipotente mistillid til alle ide-
ologier konfronterer til stadighed sig selv og sine manipulerbare læsere med
spørgsmålet om grænserne for den menneskelige fornuft, et spørgsmål, som
har realpolitiske konsekvenser. Han sætter dermed spørgsmålstegn ved
muligheden af enhver frelserlære og alle samfundsutopier uden at ville give
noget endegyldigt svar, for som tidligt brændt barn kan han ikke mere stille
noget op med "det kristent-marxistiske ævl" (10, 100). Det skal siges igen og
igen: Den omskiftelige historie om menneskeslægtens oplysning, som fra
Montaigne og Descartes, Kant og Lessing, Schopenhauer og Nietzsche fører
til blandt andet Camus absurde livsfilosofi – og som er en afgørende tradi-
tionslinie for historieskeptikeren Grass[9]– er kendetegnende for den proble-
matik, som hos ham er oversat til sanselige billeder. Den skeptiske tysker for-

bliver konsekvent ved sin antidogmatiske position – i modsætning til Kant, som trods al erkendelseskritik holder bagdøren åben i trosspørgsmålet med sine "postulater". Grass er ikke villig til at opgive sit princip om den universelle tvivl. Som livslysten melankoliker satser den sene oplysningstænker Grass på en oplyst *ratio*, som er sig sine egne grænser bevidst – helt på linje med den glade stenbærer Sisyfos. Præsent er derimod til enhver tid det perspektiviske i enhver menneskelig perception og den dermed sammenhængende relativitet i tilsyneladende faste vurderinger og værdier. De uomgængelige følger er åbenlyse for antimetafysikeren Grass: Konstant mistro over for det angiveligt gode, sande og skønne, over for revolutionære spring og asketiske præsters og korrupte politikeres fromme renheds-løgne. Lidelsesfyldte personlige tabserfaringer og den erkendelsesteoretisk funderede skepsis fører til, at Grass gør tvivlen i eksistentiel forstand til sin digtnings strukturprincip. Kun således var det muligt at fortsætte med at skrive efter det uhelbredelige civilisationsbrud efter 1945 og den dermed sammenhængende affortryllelse, der ramte alle livsområder: "Lad os være bevidste om følgende: Digtet kender ikke til kompromisser; men vi lever af kompromisser. Den som virksomt udholder denne spænding, er en nar og ændrer verden" (14, 172).

Digterne lyver, Gud være lovet!

Tro mig, om De vil – jeg har talt det nøjagtigt: Tusinde og et digt har den mangesidige tegnkunstner Grass, som helt fra begyndelsen af sin eventyrlige karriere ikke mindst opfatter sig selv som lyriker, allerede skrevet. Ved siden af luftige trelinjers digte står længere, tanketunge udkast, ved siden af poetologiske principerklæringer findes madopskrifter, som dog skal nydes med forbehold, ved siden af artistiske skriftemål fra den katolsk opdragede erotiker står grå messer uden *credo,* ved siden af grotesk-satiriske øjebliksbilleder finder man afdæmoniserende modhistorier med dybdeskarphed, ved siden af enkelte eksempler på politisk brugslyrik med noget kortere levetid – "jeg tilråder jer at vælge Es-Pe-De " (1, 189) – findes nogle af de blivende digte på tysk. Det er fantastisk-realistiske kunstværker, som trods alle forbrydelser og forbud – som det kendte, omdiskuterede Adorno-citat, at det er barbarisk at skrive et digt efter Auschwitz – bliver skabt på papir af en ansvarsbevidst tidsfælle ved hjælp af hans altid nye, gamle Olivetti-rejseskrivemaskine. Lykkeligvis. Utallige lejligheder skabt i inspirerede øjeblikke gjorde allerede i de unge år den stedse produktive forfatter, for hvem glæden ved det æstetiske var medfødt, til en virtuos versesmed. Bag om ryggen på ham eller direkte for øjnene af ham sneg disse inspirerede øjeblikke sig ind i det aldrig vindstille digterværksted og hævdede senere, at de "altid havde siddet og snakket med ved bordet".[10] Således blev den skrivende tegner til selvudnævnt lejlighedsdigter, som ærgrer sig over de forfattere, der ikke kan gribe de lejligheder de får:

… herrerne i drømmenes laboratorium, herrerne med de righoldige uddrag af ordbøger, herrerne – det kan også være damer – som fra tidlig til silde arbejder med sproget, sprogmaterialet …, som kalder deres digte tekster, som ikke vil kaldes digtere, …, som er uden rigtig lejlighed, uden muse. Mens laboratoriedigteren kan beskrive sine metoder side op og side ned, og ofte yder det usædvanlige som essayist, falder det lejlighedsdigteren svært at forklare sin metode alvorligt; for hvis jeg som inkarneret lejlighedsdigter siger: Så snart jeg har følelsen af, at der atter engang er et digt på vej, undgår jeg strengt at spise bælgfrugter og kører ofte, skønt det koster mig dyrt, meningsløst meningsfuldt omkring i taxa, for at dette i luften liggende digt frigøres – så vil laboratoriedigteren hæve øjenbrynene bebrejdende og kalde mig en gammeldags, sågar reaktionær esoteriker, som tror på indflydelse fra bælgfrugter, taxakørsler, det vil sige på en individualisme, som han, laboratoriedigteren, allerede har overvundet for lang tid siden ved hjælp af en konsekvent brug af små bogstaver og fortjenstfuld undgåelse af alle substantiver – i modsætning til hans kollega, som fjernede alle forholdsordene. Alligevel frister det mig at røbe nogle af lejlighedsdigterens kneb. Da det ikke drejer sig om laboratoriehemmeligheder, altså om noget der kan efterlignes, kan jeg med god samvittighed være åbenhjertig; for mine lejligheder er ikke en anden lejlighedsdigters lejligheder. Når altså der ligger et digt i luften og jeg aner, at denne gang vil hun, Musen, hjemsøge mig med noget femstrofet, trelinjet, så hjælper det mig hverken at give afkald på bælgfrugter eller umådeholden taxakørsel, så hjælper kun én ting: at købe friske sild, rense dem, stege dem, komme dem i eddike, sige nej til indbydelser fra folk, som gerne taler om elektronisk musik og i stedet for gå til parties, hvor professorer spinder intriger, høre på hvad de siger, selv spinde videre, for Guds skyld ikke køre hjem med taxa, men konsekvent sove uden hovedpude. Ganske vist hjælper denne metode ikke altid: Én gang, må jeg tilstå, hjalp lige det modsatte mig – jeg købte et halvt svinehoved, lavede sylte, talte med folk om elektronisk musik, undgik professorer og deres intriger, kørte dumdristigt hjem i taxa, sov med to hovedpuder – til et femstrofet, trelinjet digt, som i mellemtiden er gået ind i litteraturhistorien. (14, 26-27)

Næsten 40 år efter at denne snu dialektiker har givet os dette usandsynligt oplysende indblik i sin arbejdshverdag – "Særligt troværdigt/ lyver jeg spejl-vendt"[11] – er nogle af hans lyriske mesterværker faktisk gået ind i litteratur-historien, ganske vist ret ubemærket i den større offentlighed. Selv umætteli-ge Grass-læsere indrømmer større huller i deres viden, hvad angår lyrikken. Med andre ord, et overblik er nødvendigt over den omfattende produktion. Første forsøg: Fra digtsamlingen *Vorzüge der Windhühner* (1956), som er forsy-net med spidse stregtegninger, over den desværre for længst udsolgte foto-bil-lede-tekst-collage *Mariazuehren* (1973) til den farveglade, udflydende *Fund-sachen für Nichtleser* (1997). Andet forsøg: Fra lyriksamlingen *Gleisdreieck* (1960) med de mange fedtkridttegninger over selvudforskningerne i bindet *Ausgefragt* (1967), som er illustreret med blyantskitser, og til den tredelte Indienbog *Zunge Zeigen*, 1988 (*Række tunge*) og sonetcyklussen om vort alt for tyske *Novemberland* (1993) med dens dunkle og triste sepiategninger. Tredje forsøg: Fra lyriske forstudier til *Die Blechtrommel*, 1959 (*Bliktrommen*) og romanen *Hundejahre*, 1963 (*Hundeår*) – jeg taler her om tidlige tekster som *Blechmusik*, *Polnische Fahne* eller *Die Vogelscheuchen* – over digte og struktur-skabende fortætninger i *Der Butt*, 1977 (*Flynderen*) og til versgrupper, som viser vej gennem *Die Rättin*, 1986 (*Rottesken*) med dens katastrofale slutning. Lyrikken udgør – ved siden af multitalentets billedkunstneriske arbejder – indtil i dag en rød tråd i forfatterens opus. Der kan siges endnu mere: I grun-den er alle Grass-værker "opstået af lyriske momenter",[12] lejlighedsvist med dramatiske udvidelser til det helt store episke verdensbillede, en progressiv universalpoesi transponeret til det 20. århundrede. På den ene side barok ind-flydelse, på den anden side romantiske forbilleder: I det af Grass udkastede billedkosmos, i hans bevægelige, allegorisk-arabeske tegnverden, som aldrig stivner til et system, eksisterer ingen klare skillelinjer mellem disciplinerne.

Tåbelige grænsedragninger bliver parodieret eller ført ad absurdum i bevidsthed om, at genrerne har deres egne love. Det kan ikke undgå den flittige læsers opmærksomhed, at der består en bemærkelsesværdigt tæt relation mellem de stærkt rytmiserede passager og lyriske brudstykker i hans scenedialoger og den verdensberømte prosa med dens indflettede teater- og balletscener.[13] Dog giver de her diskuterede digte forfatteren anledning til meget personlige statusopgørelser og en mulighed for med litterære midler at stille spørgsmålstegn ved sig selv, for eksempel i forbindelse med hans engagement i Willy Brandts valgkamp:

> Hvordan ser det ud? – Det har været værre.
>
> Var du heldig? – Det afhang af maddingen.
>
> Og hvad har du gjort siden da?
>
> Det står i bøgerne, hvordan man kunne gøre det bedre.
>
> Jeg mener, hvad har du gjort?
>
> Jeg var imod. Altid imod.
>
> Og blev du skyldig? – Nej. Jeg gjorde jo ingenting.
>
> Og har du erkendt, hvad det var muligt at erkende?
>
> Ja, jeg erkendte gummi med næven.
>
> Og dit håb? – Lovede guld og grønne skove.
>
> Og dit raseri? – Det klirrer som raseri i glasset.
>
> Skammen? Vi hilser på hinanden på afstand.
>
> Din store plan? – Bliver halvvejs realiseret.
>
> Har du glemt? Mit hoved for nylig.
>
> Og naturen? – Ofte kører jeg forbi den.
>
> Menneskene? – Ser jeg gerne på film.
>
> De dør atter. – Ja, jeg har læst om det ... (1, 133)

Særligt i forbindelse med større skriveprojekter er disse dialogisk anlagte undersøgelser af sprog og verden gennem skiftende roller – gerningsmand, offer, vidne – et nyttigt eksperimentarium i forbindelse med de voldsomme og i begyndelsen uoverskuelige stofmasser. Til det brug bliver traditionelle lyrikformer – ballader, børnerim, tingdigte, hymner – gennemspillet og undersøgt med henblik på deres mulighed for at sige noget aktuelt. For netop arbejdet med mindre former giver den altid vidtspændende romancier en velkommen lejlighed til at gøre de første, orienterende forsøg med at opfinde kaos i forbedret udgave og det uden at ringeagte det lyriske affalds-, mellem- eller slutprodukt.

Disse digte giver anledning nok til at istemme en lille lovsang til den formbevidste lejlighedslyriker, den meget lidt teorivenlige digter-nar, som allerede meget tidligt var i stand til – eller snarere var tvunget – til at lære at orientere sig i ordsumpen. Der er ikke tvivl om, at sprogkritik som regel er lig med ideologikritik i Günter Grass' litterære værker, uden at de uudryddelige potentialer i han historisk belastede "modersmål" dermed principielt bliver draget i tvivl:

Ved hjælp af et beskadiget sprog skulle den ynkelige skønhed i alle gråtoner fremstilles. ... Lad os altså komme ud af den alt for blå inderlighed. Væk med de blomstrende og oppustede genitivmetaforer, giv afkald på uklare Rilke-stemninger og den velplejede litterære kammertone. Askese, det vil sige mistro til al klingklang, til de tidløse lyrismer hos naturmystikerne, som i halvtredserne dyrkede deres åndelige kolonihaver og – rimet såvel som urimet – forsynede skolernes læsebøger med værdineutral ideologi. (16, 242)

Endnu et eksempel blandt mange skal her anføres, nemlig det dubiøse eventyr om Grass' "urlejlighedsdigt", en historie, som forfatteren i 1960 gav til bedste i arbejdskredsen "Dagens lyrik" i et foredrag om poetologi. Han havde her valgt den betegnende overskrift "Lejlighedsdigtet eller Det er stadig, frit efter Picasso, forbudt at tale med piloten":

Det begynder altid med en oplevelse; den behøver ikke være stor. Således gik jeg hen til skrædderen for at få taget mål til et sæt tøj. Skrædderen tog mål og spurgte mig: "Bærer De med højre eller venstre?" Jeg løj og sagde: "Venstre". Næppe havde jeg forladt skrædderens atelier – glad over, at skræddermesteren ikke havde afsløret mig – før jeg lugtede det og indrømmede over for mig selv: Der ligger et digt i luften, og hvis jeg ikke tager helt fejl, er det en firlinjer. Det tog omkring fire uger, før skyen udtømte sig, og et firlinjet digt kom til verden. Jeg hentede tøjet, og tænk bare: Til trods for mine løgnagtige oplysninger sad det godt, løgnen var så at sige blevet genstandsløs; jeg skulle bare, som jeg altid gør kort før nedkomsten med en firlinjer, sende det sædvanlige formanende, firlinjede postkort til en ven, som efterhånden har skyldt mig tyve mark i otte år: Og straks nedfældede jeg – postkortet var endnu ikke tørt – overskrift og fire linjer på det allerede fremlagte papir:

LØGNEN

Deres højre skulder hænger,
sagde min skrædder.
Fordi jeg bar skoletasken der,
sagde jeg og rødmede. (14, 27-28)

Selvom den vittige ordskrædder indrømmer, at man ikke ubetinget kan betegne dette firlinjede digt som et "moderne digt", bringer han med sådanne underholdende og underfundige anekdoter sine eksegeter i en prekær situation, og dette ikke blot i metodisk henseende. Hvad skal man gøre? Enten frivilligt eller tvunget har forfatteren af denne artikel stillet sig en næsten uløselig opgave: Som glad-videnskabelig erkendelseskritiker kommer han altid halsende langt bag efter den ironiske lyrikteoretiker og svindleren, som lyver djævelsk godt. Alligevel gør filologen dette forsøg i håb om ikke helt uden modstand at blive fortryllet af digterens kunstfærdige billedverden, som er præget af modsætningspar, antitetiske strukturer, dialektiske argumentationer og paradokse formuleringer. Kort og godt: "Dette hus har to udgange;/ jeg benytter den tredje" (1, 137). På samme måde fortsætter filologen også upåvirket sit motivhistorisk motiverede strejftog gennem dette digterværk, som blev til igennem næsten halvtreds år, og som er genstand for undersøgelsen. Den kriminalistiske sporjagt uden løgnedetektor, som den tyske tradition jo ikke holder af, fortsætter, for også germanister lyver helst på tryk. Det drejer sig stadig om at indkredse Pilatusspørgsmålet: Hvad er sandhed? (Joh. 18, 38), et spørgsmål, som næppe kan adskilles fra Gretchens spørgsmål: Hvordan har du det med religionen? (Goethes *Faust*, vers 3415). Ved Gud, en endnu længere historie …

"Det er sandheden, hver gang fortalt på en anden måde"

Det er slemt nok, at sandheden i dag må lade fiktionen ... føre sin sag.

GEORG CHRISTOPH LICHTENBERG: *Einfälle und Bemerkungen*

Allerede i begyndelsen af halvtredserne opstod en lang, citatmættet digt-cyklus med arbejdstitlen *Søjlehelgenen;* indtil nu er kun korte uddrag af det aldrig afsluttede værk kendt. Det virker ved læsningen, som om det lyriske jeg ikke kun har slugt Kurt Pinthus' berømte ekspressionistiske lyrikantologi *Menschheitsdämmerung* for straks derefter – i nogen grad ufordøjet – at kaste disse betydningsfulde ekspressionistiske dokumenter op igen:

En ung mand, eksistentialist, som tidens mode foreskrev det ... totalt forelsket i sin afsky. ... Han, søjlehelgenen, hævet over alt, skuede ned, skiftede roligt fra det ene ben til det andet, havde fundet sit perspektiv og reagerede metafor-ladet. (15, 325-326)

Netop i forbindelse med disse spørgsmål – nemlig den metaforiske tales rolle og synsvinklen hos den narcissistiske helt, som åbenbart går ud fra, at det ville være bedre, hvis der ikke opstod noget som helst – bliver følgende digt, som endnu har epigonale træk, interessant i vores kontekst:

> Jeg, skønt løgnen, dog højt oppe på søjlen,
> Så at enhver bemærker det,
> Jeg er tre store mænd tilsammen
> Og spytter pigerne mellem brysternes vrøvl,
> Jeg er dværgen, som tæller de gamle kvinders skørter,
> Jeg sælger tæpper fyldt med mølæg,
> Desuden fremviser jeg amuletter mod forkælelse
> Og slår søm i jeres hoveder,
> For at jeres hatte ikke flyver væk,
> Jeg har en pukkel af sukker,
> Alle tåbeligheder slikkede på den.
> Jeg er brandvæsenet, som slukker enhver tørst. (1, 431)

Ganske vist bliver den hovmodige, men alt for statiske småborgerskræk med de mefistofeliske træk snart afsat til fordel for den lille, mobile bliktrommende gnom – Oskar Matzerath, den moderne pikaro, kan nemlig forstås som en omvendt søjlehelgen. Men deres forståelse af digtning og sandhed lader sig nogenlunde sammenligne. For allerede den bedrageriske søjlehelgen skjuler på ingen måde, at han bevidst har gjort løgnen til verdens orden. Den ligeledes åbenlyst løgnagtige fortæller i *Bliktrommen* følger i den tidligere Grassprotagonists fodspor som uforbederlig æstet, og det lige fra de første sider af hans bekendende erindringer. Litterære fiktioner – det være sig episke digte eller lyrisk prosa – anvender forfatteren som legende angreb på enhver slags absolut formulerede sandhedspåstande. Løgnen, som er konciperet efter kunstens regler og knyttet til historiske facts eller sanselige øjeblikke, bliver ophøjet til en poetisk fremgangsmåde, som indbyder læsere, der er fortrolige med spillereglerne, til selvstændigt at tænke over det komplekse forhold mellem virkeligheder og fiktionens (af)-magt.

Jeg fortæller sandsynligvis næppe noget nyt: Ikke den platoniske Sokrates (som er ophavsmand til påstanden om at digterne lyver),[14] men Nietzsches erkendelsesteoretiske skrifter står fadder til Grass' forståelse af verden – ved siden af mange litterære indflydelser.[15] Ifølge Nietzsche bliver det, som man i århundreder har været vant til at kalde "sandhed", henvist til illusionernes rige, illusioner, om hvilke man har glemt at de er illusioner, metaforer, som fremstår slidte og kraftløse.[16] Man kan altså konkludere, at hvis det i menneskenes verden går, som Nietzsche siger, så ville "sandheden" allerede mod slutningen af det 19. århundrede kun forekomme i anførselstegn eller i plural. "Antikristen" i Nietzsche siger det lige ud:

Der er ikke længere et eneste ord tilbage af det, som engang hed 'sandhed'. ... Sandheden er ikke noget, som den ene har og den anden ikke har: sådan kan højst bønder eller bondeapostle af Luthers slags tænke om sandheden.[17]

Men lykkeligvis findes der selv i det 21. århundrede såkaldte "frie kunstnere par excellence", gale kunstnere, som er tilstrækkeligt virkelighedsåbne til at foretrække anskuelse frem for erkendelse, sprogakrobater uden for elfenbens-tårnene, som igen og igen forsøger at gå gennem verden med åbne sanser uden at være nødt til, med abstraktioner eller systematiseringer, at mildne den usikkerhed og de modsætninger og spændingstilstande, som opstår her-ved:

Begrebernes uhyrlige bygningsværk af bjælker og brædder, som det svage menneske klam-rer sig til for at redde sig gennem livet, er for det frie intellekt blot et stillads og et legetøj for hans mest vovede kunststykker: og når han splitter det ad, blander det, og ironisk samler det på ny, idet han parrer de mest fremmede ting med hinanden og adskiller det som hører sammen, så åbenbarer han, at han ikke har brug for disse svaghedens hjælpemidler, og at han nu ikke længere ledes af begreber, men af intuitioner.[18]

Det er ikke nogen hemmelighed: Den med dynamit filosoferende filolog Nietzsche hævdede dengang, at man hidtil havde kaldt løgnen for sandhed. Over for dette proklamerer han en omvurdering af alle værdier til fordel for det æstetiske skin. Til det formål satser denne første immoralist i sit essay "Om sandhed og løgn i ikke-moralsk betydning" på kunstnerisk skabende individer, som intuitivt er i stand til at overvinde den overtro, som kan føres tilbage til selvbeskyttelsesmekanismer, magtbegær og himmelfalden beun-dring for abstrakte, almene begreber.

Nietzsche stoler på den "med fuldt overlæg" lyvende tryllekunstner i homo ludens,[19] som med sit smil slår de store moralbegreber hos de hykleri-ske religionsstiftere, partifunktionærer eller statsmænd i stykker, for på denne måde at få de livløse, intetsigende metaforer til at genopstå og fyldes med liv på ny. Thi for filosoffen, som lidenskabeligt omdefinerer alt, står det fast, at hin legende drift til metafordannelse, som man intet øjeblik kan benægte eksistensen af, fordi man derved ville benægte eksistensen af mennesket selv,[20] ikke kan tænkes bort fra den menneskelige forestillingsverden, og at denne nu kun kan retfærdiggøres æstetisk. Hvad er altså denne fabelagtige sandhed? Schopenhauer, Nietzsches ofte vidtskuende opdrager, som hvad angår sandhedsbegrebet ganske vist altid var moraliserende sur, formoder i denne sammenhæng:

Sandheden er ikke en hore, som kaster sig om halsen på dem, der ikke begærer hende; derimod er hun så knipsk en skønhed, at selv den, som ofrer alt for hende, ikke kan være sikker på hendes gunst.[21]

Hans lærenemme elev fører denne tanke til dens yderste konsekvens og formoder:

Sandhed er dermed ikke noget, som eksisterer, og som skal findes og opdages – men noget som skal skabes og som er navnet på en proces, eller rettere på en magtvilje, som er uendelig: At lægge sandhed ind i verden, som en processus in infinitivum, en aktiv bestemmen, ikke en bliven sig bevidst om noget, som 'i sig selv' er fast og bestemt.[22]

Fra denne her skitserede filosofi kan man etablere følgende forbindelse til den sanselige skeptiker Günter Grass' poesi: Ved hans mere eller mindre asketiske billedorgier drejer det sig om tusinde og et forsøg på at omskrive skiftende poetiske sandheder. Men dette sker i bevidsthed om, at det aldrig kan dreje sig om åbenbaring af en objektiv sandhed, idet erkendelsen hviler på anskuelse og ikke er abstrakt. Den ikke længere i religiøs, men i æstetisk forstand sandfærdige digter ved, at han nødvendigvis må lyve, men uden dermed at synde. Tværtimod, hans tryllekunster med grammatikken, som altid vækker forundring, og hans medrivende rytmiserede skriftemål på hvidt papir fremstår som højartificielle ordspil på nutidens affortryllede betingelser. Forfatter-kyllingen i ægget opfordrer sine brødre og søstre til refleksion over refleksionen og lader dem tage del i et uafsluttelig livs- og skriveeksperiment – et eksistentielt projekt hinsides godt og ondt, som altid tager sit udgangspunkt i det, man troede var kendte ting og kendte betegnelser, for derefter at åbne irriterende perspektiver ved skiftevist at over- og underbelyse dem:

I dag ved jeg, at alle kikker med, at intet forbliver uset, at selv tapeter har en bedre hukommelse end menneskene. Det er ikke for eksempel Vorherre, der ser alt! En køkkenstol, en bøjle, et halvfuldt askebæger … er tilstrækkeligt til at fungere som vidne til enhver gerning. (3, 247)

Selvom altså Oskars historier ligesom hans skabers digte er umoralske løgne, så er de alligevel – naturligvis i skiftende grad – fantaseret sammen på overbevisende måde og derigennem overraskende sande. Således bliver den intellektuelt redelige fortæller – på baggrund af de ubestikkelige vidner – til den digteriske løgns advokat. Sandhedselskende læsere og interpreter oplever det samme. De blæser på de uforbederlige begrebsfetichisters pedantiske overkorrekthed og spinder med vellyst og forstand og på deres helt personlige måde videre på den humoristiske versemagers tråde:

MIN GAMLE OLIVETTI
er vidne til, hvor flittigt jeg lyver
og fra den ene bearbejdning til den anden
kommer sandheden en slåfejl
nærmere.[23]

"Gamle historier, javel; og dog altid nye ..."

Siden hvornår var da de herrer poeter så sammenbidt ude efter den platte sandhed? Hvorfor arbejdede de så kejthåndet og ubehjælpsomt, når de dog havde en god øvelse i at digte videre på deres rimede sandheder, indtil de blev helt usandsynlige.

GÜNTER GRASS: *Mødet i Telgte*

Det skal være indrømmet: Også selvom det skulle være sket for mig, at jeg her og der har overdrevet af hensyn til den bevidst kortfattede afhandling, så håber jeg alligevel alvorligt, at jeg har givet indtryk af at have holdt mig til det, som ligger mig på hjerte. For at sige det lige ud: Ikke kun det at fortælle eventyr eller skrive digte, også det at affatte medieberetninger eller holde videnskabelige foredrag er, hvis man skal være helt ærlig, at lyve så længe, at "sandheden" til slut dukker op, letter på hatten og sætter sig ned.

Endelig kommer jeg nu til slutningen. Til sidst vil jeg holde op med at komme med flere spidsfindigheder og, patetisk formuleret, anbefale alle følgende: Lyv, kære venner; lyv, kompromisløst, fantasifuldt og med så megen kunstforstand som muligt, men uden at miste sansen for realiteterne. Lyv naragtigt godt og detaljeret, så tribunerne vakler, lyv den blå blomst ned fra den legendære digterhimmel og forbliv jorden tro. For så længe vi endnu opfinder tragikomiske historier eller får dem fortalt, lyver, undskyld, lever vi:

PROVIANT

Med en sæk nødder
vil jeg begraves
og med mine nyeste tænder.
Når det så knækker der
hvor jeg ligger,
kan man regne ud:
Det er ham,
det er stadig ham.[24]

Hvad dette angår, kan man i det mindste stole på ham, på Günter Grass, som i årtier har dyrket fortællingen som kunst- og eksistensform. Det er passende, at han, Nobelpristageren 1999, får det allersidste ord:

Ja, jeg elsker mit arbejde. ... Allerhelst møder jeg mine for år tilbage bortløbne eller af læseren eksproprierede bøger, når jeg over for et publikum læser op af det, som blev skrevet og trykt og på den måde kom til ro. I den situation, over for det unge sprog-uvante og det aldersgrå men endnu ikke mættede publikum, bliver det skrevne og trykte ord atter til det talte. ... Han som skriver mod tiden, der går, han som lyver sig holdbare sandheder sammen, ham tror man, når han uudtalt lover: Fortsættelse følger ... [25]

Oversat af Kirsten Molly Søholm og Walter L. Friedrich

1] Artiklen er et foredrag, som blev holdt ved et "1. Internationales Günter Grass-Kolloquium" i Lübeck den 18. december 1999. Grass er bosat ved Lübeck, og de to Hanse-stæder Lübeck og Danzig (Grass' fødeby) fejrede, efter kunstnerens ønske, i fællesskab Nobelprisen med et kollokvium, hvor Grass selv deltog.

2] Alle Grass-citater i denne artikel er egen oversættelse.

3] *Salmonsens Konversationsleksikon*, bd. 20, 1929.

4] *Meyers Grosses Taschenlexikon in 24 Bänden.* Mannheim 1981, bd. 13, s. 252.

5] "1954 døde min moder i en alder af 56 år. Og da Helene Grass ikke kun havde et småborgerligt gemyt, men også en stor kærlighed til teatret, kaldte hun drillende sin tolv-trettenårige søn, som elskede at fortælle løgnehistorier, og som lovede hende både rejser til Neapel og Hongkong og rigdom og persianerkåber, for Peer Gynt". Citeret efter Günter Grass: *Werkausgabe* (Volker Neuhaus und Daniela Hermes, udg.). Göttingen 1997, bd. 15, s. 324. Alle følgende Grass-citater refererer, om muligt, til denne udgave og angives i den løbende tekst i efterstillede parenteser (bind, sidetal).

6] Günter Grass: *Mein Jahrhundert.* Göttingen 1999, s. 374.

7] Til fortolkningen af dette digt smlg. Werner Frizen: "... weil wir Deutschen die Aufklärung verschleppten" – Metaphysikkritik in Günter Grass' früher Lyrik" i: Gerd Labroisse og Dick van Stekelenburg (udg.): *Günter Grass – Ein europäischer Autor? Amsterdamer Beiträge zur neueren Germanistik.* Amsterdam 1992, bd. 35, s. 3-44.

8] Günter Grass: *Fundsachen für Nichtleser.* Göttingen 1997, s. 111.

9] Til forfatterens filosofisk-verdensanskuelige baggrund og hans æstetiske konception se: Dieter Stolz: *Günter Grass zur Einführung.* Hamburg 1999.

10] Grass: *Fundsachen für Nichtleser,* s. 67.

11] Grass: *Fundsachen für Nichtleser,* s. 39.

12] Günter Grass: *Werkausgabe in zehn Bänden* (Volker Neuhaus, udg.). Göttingen 1987, X, *Gespräche,* s. 183.

13] Til det interessante samspil mellem genrerne i forfatterens samlede værk se: Dieter Stolz: *Vom privaten Motivkomplex zum poetischen Weltentwurf. Konstanten und Entwicklungen im literarischen Werk von Günter Grass (1954-1986).* Würzburg 1994.

14] Smlg. i denne kontekst også: Carola Hilmes og Dietrich Mathy (udg.): *Die Dichter lügen nicht. Über Erkenntnis, Literatur und Leser.* Würzburg 1995.

15] Til løgnedigtningens fortjenstfulde tradition se: Gero von Wilpert: *Sachwörterbuch der Literatur*. Stuttgart 1989, s. 538.

16] Friedrich Nietzsche: *Sämtliche Werke. Kritische Studienausgabe in 15 Einzelbänden* (Giorgio Colli og Mazzino Montinari, udg.). München 1988, bd. 1, s. 88l.

17] Nietzsche: *Sämtliche Werke*, bd. 6, s. 210 og s. 234.

18] Nietzsche: *Sämtliche Werke*, bd. 1, s. 888.

19] Smlg. Nietzsche: *Sämtliche Werke*, bd 4. s. 371-374.

20] Smlg. Nietzsche: *Sämtliche Werke*, bd.1, s. 881.

21] Arthur Schopenhauer: *Werke in fünf Bänden* (Ludger Lütkehaus, udg.). Zürich 1988, bd.1, s. 16.

22] Nietzsche: *Sämtliche Werke*, bd. 12, s. 385.

23] Grass: *Fundsachen für Nichtleser* (jf. note 8), s. 43.

24] Grass: *Fundsachen für Nichtleser*, s. 231.

25] Günter Grass: "Bücher als Überlebensmittel. Die Rede von Günter Grass in Stockholm zur Verleihung des Literaturnobelpreises" i: *Frankfurter Rundschau*, 9. december 1999, nr. 287, s. 9.

"Tyskland – et litterært begreb"
Günter Grass og
det tyske spørgsmål[1]

Af Dieter Stolz

Et uopslideligt tema

Er "Tyskland" et geografisk, økonomisk eller politisk begreb? Eller er det ikke andet end et litterært begreb? Er Tyskland efterhånden kun historie, længsel og fiktion eller det fremtidige navn på en ny føderal stat i det forenede Europa? Man har gjort sig overvejelser om det berømte og berygtede tyske spørgsmål i mere end tre århundreder – "Så langt tilbage fra stammer enhver historie, der foregår i Tyskland",[2] skriver Günter Grass i fortællingen *Mødet i Telgte* (*Das Treffen in Telgte*), hvor han ser tilbage på 30-årskrigen i 1600-tallet. I mere end tre århundreder har man næret lyse ønskedrømme og som Heinrich Heine haft mørke nattetanker, mens man i ind- og udland har lidt under svarene, som har lovet forløsning, men som ofte kun har bragt vold og død med sig.

Også tyske digtere og tænkere har altid begrædt deres ulykkelige erfaringer med Tyskland og de tilsyneladende uforbederlige tyskere.[3] I søvnløse nætter har de igen og igen lidt over historiens katastrofale forløb, udeblevne revolutioner, stagnation og restauration på det statslige og politiske område. De har været splittet mellem deres problemfyldte fædreland og det elskede modersmål, mellem den politiske og den kulturelle nation Tyskland, og igen og igen har de – også før Hoffman von Fallersleben – føjet nye vers til den endeløse gamle Tysklandssang. Som Kurt Tucholsky kunne have sagt det, kan kun en republik blottet for sund fornuft endnu engang kåre von Fallerslebens Tysklandssang til sin nationalhymne. I vor tid skrives der således et nyt kapitel til denne uendelige historie, når Grass igen spørger: "Hvem er vi? Hvor kommer vi fra? Hvad gør os tyske? Og hvad pokker er Tyskland for noget?"[4]

Karakteristisk nok hedder titelhistorien på det første fællestyske litteraturtillæg i *Die Zeit* fra den 9. marts 1990 "Et uopslideligt emne". Lige i rette tid til bogmessen i Leipzig samlede fem af de mest populære forfattere fra øst og vest deres artikler, taler og interviews om det tyske spørgsmål. Et, som en anmelder mente, grænseoverskridende litterært Rundt Bord, som var mere spændende end nogen TV-debat. I mellemtiden findes fjernsynsdiskussionerne naturligvis også, enten som gratis tv-fornøjelse i de små hjem eller til salg for hårde D-mark efter en lynhurtig tur i trykken.[5] Markedsføringsbølgen og genforeningstoget ruller.

De tyske forfatteres faustiske "pandefødsler",[6] som befinder sig i spændingsfeltet mellem litteratur og realpolitik, mellem drøm og traume, uddør dog ikke. Selvom forfatternes ord indtil nu aldrig har haft stor vægt, holder de prøve på deres velformulerede oprør, men deres opråb bliver øjensynligt købt af de forkerte mennesker og således forbliver i grunden dét usagt, som "alligevel ikke ville være blevet hørt".[7] Som dengang digterne mødtes i Telgte for 300 år siden gælder det også i dag: Det er en tysk misère, et fællestysk sørgespil fra begyndelsen af.

Sådan ser Günter Grass i hvert fald situationen, han, der altid deltager i de aktuelle diskussioner, og som den stormfulde politiske udvikling ifølge ham selv gør "uhyre veltalende".[8] I forhold til hans arbejde som forfatter er der farer ved sådan at blande sig og tage et standpunkt, og de farer har været velkendte for ham i mange år:

… forfatteren risikerer at miste den distance, som er den rette for ham; hans sprog føler sig fristet til at leve fra hånden i munden; snæverheden i de til enhver tid nutidige forhold kan også indsnævre ham og hans til frit løb trænede forestillingsevne; han løber risiko for at blive stakåndet. (s. 34)[9]

Alligevel tillader den utrættelige "Sisyphos" – for nu at låne en af Grass' egne metaforer for sig selv – sig før som nu at rulle to sten, en litterær og en politisk, foran sig på én gang.[10] Arbejdet med det litterære manuskript er kompromisløst, og det politiske engagement i taler, diskussioner og essays om samtidens begivenheder afhænger af uldne kompromisser.[11] Grass finder det "svært sommetider, men det går."[12]

I slutningen af Grass' poetik-forelæsning i Frankfurt med den tyngende titel "At skrive efter Auschwitz" ("Schreiben nach Auschwitz") hedder det i den forbindelse:

Også overvejelser over Tyskland er en del af mit litterære arbejde. Fra midten af tresserne og ind i den fortsatte, aktuelle uro har der været anledninger til taler og artikler. Tit var disse nødvendigvis tydelige kommentarer for megen indblanding, for megen ikke-litterær indsigelse. Det behøver jeg ikke bekymre mig om. (s. 38)

Grass ville således gerne se sit samlede værk påskønnet som politiske modtaler og litterære modhistorier om det tyske spørgsmål. På baggrund af dette ambitiøse ønske vil jeg i to afsnit diskutere de mareridt og ønskedrømme, forfatteren og borgeren Günter Grass, for hvem "melankoli og utopi er plat og krone på samme mønt",[13] frygter og nærer.

Et mørkt mareridt: En skiftning af en enhedsstat

Günter Grass, der (alt for) gerne forstår sig selv som "politisk rådgiver",[14] taler i anledning af genforeningen igen kraftigt til sine medborgeres politiske-moralske samvittighed. Ofte kan det se ud til, at han i mellemtiden ikke længere er så langt fra det, som han førhen har kritiseret andre for, nemlig den "anmasselse, at ville være nationens samvittighed".[15] Men intet er ham mere vist end hans egen afmagt og manglende kendskab til politiske kræfter, siden hans erfaring er, at selv hans manifester ikke bliver hørt på de afgørende steder.[16] Men for at aftvinge afmagten "et sagte 'trods alt'",[17] bliver der fra forfatterens side igen sagt det, der må siges til genforeningsdiskussionen. Grass taler som altid principielt mod tidsånden.[18] Det er sikkert ikke tilfældigt, men for at understrege de historiske sammenhænge mellem barokken og nutiden, at Günter Grass har udvalgt raderingen *Westfalsk Fred II* til omslagsmotiv på sin tekstsamling *Deutscher Lastenausgleich* (1990). For i *Mødet i Telgte* hedder det om barokdigterne, der selv i lyset af den prekære samtidshistoriske situation drømmer om udødelighed:

Og hvis man ville stene dem, overdænge dem med had, ville hånden med pennefjeren stikke op selv af grus og sten. Kun hos dem var der for al evighed taget vare på det, som det lønnede sig at kalde tysk.[19]

Emnet er her ikke de evige værker, men samtidshistorien, der udvikler sig med rasende fart, og som naturligvis allerede har overhalet mange af de her behandlede taler og essays af Grass. Derfor synes det specielt inden for rammerne af et videnskabeligt essay at være nødvendigt at gå tilbage til Grass' udgangspunkter. Ikke for at følge den absurde hang til kronologi, men fordi det kun sådan er muligt – helt i den erindringsstærke forfatters ånd – at undersøge, hvorledes Grass' svar på de tyske spørgsmål har udviklet sig, uden at problematiske forvrængninger af perspektivet sniger sig ind.

Ved begyndelsen af Grass' "ikke-litterære indsigelser" klarede han sig uden hjælp fra den litterære fiktion[20] og publicerede i 1961 sin reaktion på digtet "Schwur" (Ed) af R.A. Schröder, et "udigt", som han var blevet tvunget til at recitere som barn.[21] Digtet fremkalder i den unge Grass påny hans ungdoms mareridt, nationalsocialismens tid og dermed den ufattelige forbrydelse, det perfektionerede folkemord, som var blevet begået i hans generations og dens fremtids navn:[22]

Den, der som 33-årig fra det 10. til det 16. leveår havde lejlighed til halvt at synge, halvt at fremhviske dette digt i anledning af morgenappeller, højtideligheder, ved fanehejsningen, i teltlejren nær lejrbålet, i Jungvolk- og Hitlerjugenduniform med korallignende melodi, med dødsskælven i ryggen eller andre steder, vil sikkert stadig i dag vågne op af en urolig søvn og ikke uden koldsved sværge ud i det bælgmørke soveværelse: 'Tyskland, lad os falde hoved ved hoved'. [23]

Dette fællestyske traume er indtil i dag forblevet et centralt tema for forfatteren Günter Grass. Det kan for ham hverken fortrænges eller overvindes; det er til stadighed nærværende, også selvom andre skrækscenarier til tider synes at trænge det i baggrunden. Eksempelvis skriver forfatteren kun få måneder senere den 14. august 1961, dybt berørt af Berlinmurens opførelse, et åbent brev til Anna Seghers, som dengang var formand for forfatterforbundet i DDR: "I dag står der mareridt i skikkelse af tanks på Leipziger Strasse, de lægger sig på enhver søvn og truer borgerne"(s. 104). Grass advarede dengang mod flugten ind i irrationaliteten og appellerede til sine kolleger om offentligt at sætte sig til modværge, om ikke at acceptere delingen og om at erkende volden i et diktatur, en vold, der kun nødtørftigt forklædte sig i de intellektuelles drøm om kommunisme. Selvom han ikke drømte om det samme, respekterede han den som enhver drøm (s. 104). Men reaktionerne fra Østtyskland på dette fremstød var negative. Den kolde krig gik heller ikke sporløst over forfatterne i øst og vest. Delingen anså Grass fra begyndelsen af for at være en skæbnesvanger udvikling, som konsekvent blev ført videre på alle niveauer (s. 84). Bygget på sand stod to stater fjendtligt over for hinanden, begge ivrige efter at være mønsterelever i det ene eller det andet bloksystem uden først at gennemgå en fase af selvbesindelse.[24]

I sin takketale for Büchner-prisen i 1965 noterede Grass sig, at nu, 12 år efter det urolige år 1953 og altså efter 12 år med "styrkens politik", "var modstaten et faktum". Vesttyskerne fremsatte uforbindtlige løfter om genforening og gav sig hen "i den tåbelige spekulation, at DDRs befolkning ikke ønsker sig noget mere brændende end at blive regeret af Ludwig Erhards CDU".[25]

Ikke mindst for at bringe bevægelse i den "ideologisk[e] forstening, her som på den anden side" (s. 87) holdt Günter Grass fra midten af tresserne valgkamptaler og rådede sine landsmænd til at følge deres oplyste fornuft; eller som Grass lyrisk formulerede det: "Jeg råder jer til at vælge Es-Pe-De".[26] SPD, det tyske socialdemokratiske parti, var i Grass' øjne det eneste parti, som havde en moden nationalbevidsthed, og som derfor heller aldrig var slået om i nationalistisk hysteri.[27]

På denne baggrund blev Grass, den erklærede modstander af abstrakte ideer, absolutte krav og revolutionære spring,[28] konfronteret med et utal af etablerede svar på "berømte-berygtede spørgsmål om nationen" (s. 76), som han i 1965 i en tale former som spørgsmålet "Hvad er vel tyskens fædreland?"

Den første del af hans eget svar er entydigt, da han kalder genforeningen for "et indholdstømt begreb, som vi bliver nødt til at stryge, hvis vi vil bevare vores troværdighed" (s. 79). Anerkendelse af egen skyld, af de bestående grænser og af Tysklands spaltning er de uomgængelige forudsætninger for et forlig mellem de to tyske stater og deres naboer. Men præcis dér ville tyskerne have store problemer, da de på grund af deres nedarvede mangel på "nationalånd"[29] og national identitet igen og igen ville svinge mellem ekstremerne, mellem alt-eller-intet og det selvdestruktive enten-eller. For som Grass formulerede det:

Vi har ikke kunnet finde det rette mål. Mellem nationalisme og separatisme ligger imidlertid vores eneste og sjældent udnyttede mulighed: konføderationen eller det økonomisk faste, politisk og kulturelt løse forbund mellem delstaterne. (s. 84)

For at nå dette mål, som kunne være eksemplarisk for en føderativ model Europa, mangler begge tyske stater i hvert fald på daværende tidspunkt forudsætningerne. Den, "der drømmer om en genforening, vil meget snart blive vækket af realiteterne".[30]

I slutningen af tresserne plages taleren alligevel af et nyt mareridt, "der som mange tyske mareridt rummer muligheder for at blive til virkelighed".[31] Grass frygter, at det "tysknationale højre plus det stalinistiske højre kunne sætte en skiftning af en nation i verden, hvis frygtindgydende eksistens forhåbentlig kan forhindres af tyskernes voksende selvforståelse" (s. 87). Men i Tyskland, "irrationalitetens hjemsted",[32] er bacillen nationalisme stadig smittefarlig, det skød, fascismen blev født af, er stadig frugtbart i begge dele af landet. Grass ser, hvordan sandkasseoffensiver startes, hvordan krige vindes på de militære tegnebræt, efter de er afsluttet, og hvordan grænser allerede igen forskydes mod øst, mens prædikener om det forenede Tysklands frelse forkyndes fra de politiske prædikestole og vækker ukontrollable nationalfølelser.[33]

På grundlag af denne situationsanalyse forsømmer Grass i sine "politiske modtaler" i slutningen af tresserne ingen lejlighed til at advare mod tilbagefaldet i det 19. århundredes nationalstatslighed (s. 84f.), mod stortysk oprustningspolitik, som allerede havde slået fejl to gange[34] og mod det fornyede frembrud af irrationalisme i tysk politik:[35]

Tyskland har altid kun med tvang, altså altid til skade for sig selv, været en enhed ... Det singulære Tyskland er et regnestykke, som forhåbentlig aldrig vil gå op; thi præcist regnet ud er Tyskland som forbundne kar – forbundne flertal. (s. 89)

Grass konkluderer, at det derfor en gang for alle gælder om at glemme den fatale idé om statslig enhed som forudsætning for en genforening,[36] når han 3 år efter siger:

Der vil ikke blive nogen genforening; ingen under vort samfundssystems fortegn, ingen under kommunistisk fortegn. To tyske stater af tysk nationalitet, som er så forskellige som tænkes kan, må lære at leve ved siden af hinanden og bære den fælles histories byrder i fællesskab.[37]

Günter Grass afviser således allerede i tresserne principielt enhedsstaten for tyskerne[38] og taler derimod for en føderation af tyske stater og tyske lande som "en mulighed, der kunne være tilfredsstillende for tyskerne, og som ikke behøvede at gøre vore naboer bange".[39] Det velbegrundede mareridt står mod den velbegrundede ønskedrøm.

Siden disse tidlige kommentarer til den historiske situation, som Günter Grass altid har fulgt opmærksomt, har realiteterne forandret sig grundlæggende. Men borgeren Grass har ikke revideret sine holdninger og bliver klippefast stående ved sine argumenter. Hans seneste bidrag til genforeningsdebatten har været spækket med selvcitater, når han har givet velkendte svar på det tyske spørgsmål under bevidst opsigtsvækkende overskrifter. Det er, som om intet er sket, eller som om han ville have foretrukket, at intet var sket. I "Kort tale af en fædrelandsløs karl" ("Kurze Rede eines vaterlandslosen Gesellen", 1990) hedder det i overensstemmelse hermed igen: "Mareridt står mod drøm" (s. 41).

Ønskedrømmen om den fornuftige, mådeholdne, nationalbevidste tysker, som på grundlag af historisk viden bekender sig til en konføderation af de to tyske stater i én nation, modsiges på ny af mareridtet om en stor, forenet stat, der er udvidet med voldelige midler. Genfødslen af et frygtindgydende, isoleret fædreland, men nu med hjælp fra D-markens ånd, er for Günter Grass stadigvæk en skrækhistorie eller en dårlig iscenesat western med en uundgåelig dårlig slutning:

Hjælp, virkelig hjælp, gives kun på vesttyske betingelser ... Kapitalismens vestlige ideologi, som vil se enhver anden -isme strøget uden noget i stedet, udtrykker sig som bag en fremstrakt pistol: Enten markedsøkonomi eller ... (s. 43)

Et fædreland, bygget på blod og jern og drevet af den tyske vilje til altid større magt, bør (ifølge Grass og i modsætning til jernkansleren Bismarcks politik) aldrig mere hjælpes til magten. For så må man frygte, at man i Tyskland og andre lande på ny går til grunde til tonerne af den tyske hornmusik.

Disse bange anelser, som forfatteren deler med mange både hjemme og i udlandet, kan ikke affærdiges. Hans ubehag er troværdigt, og ikke kun på baggrund af hans ungdomsoplevelser er hans angst forståelig. Trods alt synes det ikke desto mindre tilladeligt at påpege, at de retoriske midler, Günter Grass benytter for at få ørenlyd for sine meninger, i det mindste ofte forekommer tvivlsomme. Hans kommentarer strækker sig fra det forenklede til det polemiske, er som følge deraf lidet nuancerede og giver derfor anledning til fejlslutninger.[40] I denne sammenhæng forekommer især hovedargumentet mod genforeningen problematisk, når han f.eks. i "At skrive efter Auschwitz" søger flere nye grunde til at afvise genforeningen:

Mod enhver stemning, af stemningsskaben forceret tendens, mod den vesttyske økonomis købekraft – for hårde DM er selv enheden til at få – ja, endda mod en selvbestemmelsesret, som tilkommer andre folkeslag udelt, mod alt det taler Auschwitz, fordi en af forudsætningerne for det uhyrlige – ved siden af andre, ældre drivkræfter – var et stærkt, det forenede Tyskland. (s. 37f.)[41]

Således går ingen genforeningsvej uden om det uudslettelige og ikke relativerbare historiske brændemærke i den tyske historie; historien er den skamfyldte hindring, som altid skal tænkes med:

Hvis man nu for tiden tænker over Tyskland og leder efter svar på det tyske spørgsmål, må man tænke Auschwitz med. Rædslens sted, nævnt her som eksempel på det blivende traume, udelukker en fremtidig tysk enhedsstat. Skulle den, hvad der er grund til at frygte, alligevel blive tvunget igennem, vil den på forhånd være dømt til at forlise. (s. 43)

På dette sted er det svært at bedømme, om det ved denne spektakulære tese handler om forfatterens moralske reaktion på Kohls forhastede og for ham derfor forkerte Tysklandspolitik[42] eller om en alt for letfærdig instrumentalisering af den tyske forbrydelse.[43] I hvert fald må angsten hos det skeptiske tidsvidne Grass tages alvorlig. Den driver ham altid til at finde nye veje for Tyskland, når alle andre allerede tror at have fundet den forløsende vej til genforeningen: "Hvad jeg savner, er en tredje vej, som forsøger at besvare det tyske spørgsmål ved at vende sig mod andre kilder i tysk historie end, af alle ting, Bismarck."[44] Grass går i denne sammenhæng stadigvæk ind for at udvikle "drømmen om den demokratiske socialisme med menneskeligt ansigt", som ifølge ham har en fremtid i hele verden. Han får regulært kvalme af, "at alt, som kun tilnærmelsesvis har noget med denne drøm at gøre, tabuiseres og underkastes et regulært drømmeforbud".[45]

Grass nægter i hvert fald at underkaste sig sådanne forbud og spinder videre på sine drømme. For forfatteren er sproget en grænseoverskridende kraft, og Grass begiver sig på jagt efter en tredje mulighed, som stadigvæk står åben som svar på det tyske spørgsmål. Det alternativ, som skal skitseres i det følgende afsnit, lyder for Günter Grass: Tyskerne skulle forsøge "at være kulturnation i konfødereret mangfoldighed" (s. 43), og det er, som han understreger, "den tredje vej, som jeg foreslår".[46]

En lysvågen dagdrøm: Kulturnationen

For at udforme den tredje mulighed for Tyskland, som forfatteren besværger igen og igen, går Günter Grass langt tilbage i den tyske historie, upåvirket af vekslende regeringer og kulturpolitiske koncepter i Øst og Vest. Allerede i 1965 proklamerer han: "De, som har ører, skal høre: Før der overhovedet fandtes en tysk nation, har der siden Klopstock og Lessing været en tysk litteratur." Andre navnkundige kolleger og filosoffer indkaldes som mere eller mindre egnede vidner til at støtte hans tese: Schubart, Stolberg, Bürger, Moser, gentagne gange Herder, senere nævnes også Uhland og Schelling. For som den traditionsbevidste sproghåndværker siger: "Tyskland er, hundrede år før Bismarck, blevet forenet i kraft af sproget gennem tyske forfattere og filosoffer, som lod oplysningsånden blæse hen over dette land."[47]

Indtil i dag har Günter Grass ikke fundet nogen mere velegnet måde at definere den tyske nation på end ved at gribe tilbage til et omfattende kulturbegreb. I december 1989 gentog han dette synspunkt i et interview i *Financial Times*, hvor han talte for "to konføderative stater, en kulturnation".[48] Efter at den tyske politiske enhed er slået fejl to gange, byder et modificeret begreb om kulturnationen på den ene side på muligheden for at tage afsked med den forældede idé om nationalstaten, på den anden side på chancen for at fylde det "nationale vakuum",[49] som gør mange unge mennesker modtagelige for især højredrejede ideologier.[50] Denne kulturnation bærer i fællesskab ansvar for den tyske historie, tager de fejlslagne parlamentariske forsøg fra Paulskirken i Frankfurt 1848 op og forener den tyske kulturelle mangfoldighed uden at være nødt til at proklamere en nationalstatslig enhed. Forfatteren går endda ud fra, at tyskernes sidste blivende mulighed for at forstå sig som nation ligger i forestillingen om to tyske stater i én kulturnation.[51] Det har vist sig, mener Grass, at man har kunnet dele alt, geografisk, politisk, økonomisk, men forbavsende nok har kulturen sejlivet modsat sig delingsprocessen.[52]

Problemerne i denne tese er ikke til at overse. Spørgsmålet er, om den kunstige indsnævring af nationsbegrebet til det kulturelle fællesskab af sprog og litteratur kan udgøre det egnede universalmiddel, som til enhver tid kan forhindre noget "værre". Dette vage nationsbegreb ville – det viser ikke kun begivenhederne i DDR efter genforeningen – nødvendigvis have haft politiske og økonomiske konsekvenser, som ingen kunne have drømt om i 70'erne, da de tyske forfattere – frem for alle Günter Grass – med god grund gik kulturpolitisk i offensiven. Sammen med mange andre forfattere, som trådte frem som nationens selvbevidste talsmænd, formulerede han i talrige tekster og samtaler den tese, at den tysksprogede samtidslitteratur har et særligt ansvar for Tysklands sammenhold.

Især blev hans imaginære møde mellem barokdigtere i fortællingen *Mødet i Telgte* tilegnet dette tema, hvor forfatteren satte et imposant sprogligt mindesmærke for efterkrigstidens mest kendte litterære kreds i Tyskland, Gruppe 47. Her nåede Grass i sine politiske betragtninger et litterært niveau, han ikke hidtil havde opnået. I modsætning til næsten alle forudgående og følgende udtalelser om det tyske spørgsmål var det her kunsten, der bevidst blev brugt som målestok for hans formuleringer.[53]

I denne litterære "modhistorie" til en kaotisk tid, hvor der ikke primært diskuteres politiske, men digtteoretiske koncepter, bliver sproget ikke blot et medium for det fremstillede, men ophøjes selv til et tema. I denne omhyggeligt komponerede tekst reformulerer Grass sin kulturpatriotisme:

Alene digterne ... vidste stadig, hvad det lønnede sig at kalde tysk. De havde 'med mangfoldige hede Sukke och Taarer' knyttet det tyske sprog som et sidste bånd. De var det andet, det sande Tyskland.[54]

Her citeres imidlertid fra barokpoeternes manifest, som er stilet til deres fyrster, og som til sidst brænder uden at blive offentliggjort. Det er ikke digternes kompromisfyldte opråb, deres forsøg på at give et politisk ord med på vejen fra sidelinien, der overlever, men deres formentlig udødelige litterære værker. Ved at skrive yder digterne så alligevel deres erhvervspecifikke modstand mod tiden, der går. Den moralske fornyelse, som mange af dem havde ventet så håbefuldt på, udebliver endnu engang, når der med fredsforhandlingerne blot forberedes nye krige.

Overført på tiden efter 2. verdenskrig betød dette for Günter Grass: Hverken i Vest- eller Østtyskland var det magtpåliggende for politikerne at gøre sig klart, at Tyskland ikke desto mindre eksisterede videre, at det fælles sprog og ikke mindst den fælles litteratur modarbejdede den politiske deling af landet.[55] Lige så lidt som det var lykkedes at skabe en nationallitteratur i DDR, var det i vest lykkedes at stoppe interessen for den litterære udvikling i nabolandet.

Det forholdt sig faktisk sådan, at man i 70'erne i begge de tyske stater kunne iagttage en konvergensbevægelse, en overvindelse af det litterære livs spaltning i begge tyske stater. Uden om de kulturelle bureaukrater i Bonn eller Østberlin kom forfatterne i dialog med hinanden, mens de udforskede fælles temaer og interesser.[56] Selvom politikerne ignorede forfatternes initiativ, så var ifølge Grass det vigtigste mål i grunden allerede opnået, dengang som for godt trehundrede år siden i Telgte:

Fremover kunne enhver opfatte sig selv mindre isoleret. Og hvis snæverhed truede med at nedtrykke, ny jammer med at indhente, det falske skin med at bedrage eller fædrelandet med at svinde væk for nogen derhjemme, så måtte vedkommende mindes den uskadte tidsel i Brogården uden for Telgtes Emsport, hvor sproget havde forjættet dem vidde, kastet sin glans over dem, været dem i fædrelandets sted og kaldt al denne verdens jammer ved dens rette navn. Ingen fyrste kunne som de.[57]

For ikke kun det 17. århundredes digtermøde i Telgte, men også de regelmæssige møder mellem forfattere fra begge dele af Tyskland mellem 1973 og 1978 i Østberlin taler i denne sammenhæng deres tydelige sprog. Ved disse møder læste forfatterne – ligesom det havde været praksis i Gruppe 47 – op for hinanden af deres manuskripter og diskuterede litterære spørgsmål. Mens tyskerne ellers altid har skullet kløve alting på deres huggeblok – "krop og sjæl, praksis og teori, indhold og form, ånd og magt" (s. 66) – så udviser forfatterne efter 2. verdenskrig solidarisk enhed og tolerance. Günter Grass, der naturligvis deltog i disse diskussioner, kunne altså dengang med god grund hævde, at den fælles, udelelige kultur var det tag, som forbinder de i øvrigt adskilte husholdninger:

Tag dem alle sammen, når I søndag eftermiddag (måske bøjet over puslespillet) leder efter Tyskland: den døde Heine og den levende Biermann, Christa Wolf hist, Heinrich Böll her, Logau og Lessing, Kunert og Walser, stil Goethe ved siden af Thomas Mann og Schiller ved siden af Heinrich Mann, lad Büchner sidde i spjældet i Bautzen og Grabbe i Stammheim, hør Bettina von Arnim, når I hører Sarah Kirsch, lær Klopstock at kende hos Rühmkorf, Luther hos Johnson, Gryphius' jammerdal hos den døde Nicolaus Born og hos Jean Paul mine idyller ... Fra Herder til Hebel, fra Trakl til Storm. Blæs på grænserne. Ønsk jer kun sproget rummeligt. Vær rige på en anden måde. Stryg profitten. For noget bedre (tværs gennem pigtrådsspærringerne) har vi ikke. Kun litteraturen (og dens foer: historie, myter, skyld og andet bundfald) hvælver sig over de to stater, som tvært grænser sig af mod hinanden. (s. 66f.)

Skal tyskerne således forstå sig selv som kulturnation, skal de vende sig mod de traditionsbevidste forfattere, som ifølge Grass er langt forud for politikerne.[58] Denne overtydelige polarisering mellem de kooperative digtere og de uforbederlige, fantasiløse politikere præger også en upubliceret tale med titlen "The German Languages", som Grass holdt på sin Asienrejse i 1979. Efter forfatterens angivelser kunne talens undertitel godt have været "Tyskland, et litterært begreb",[59] og i talen er Grass af den opfattelse, at "Tyskland kan i dag – eller en gang til – kun forstås som et litterært begreb".[60] Efter at de endimensionale politiske koncepter har svigtet i begge tyske stater, er det kun litteraturen, der kan repræsentere noget fællestysk; den ignorerer ifølge Grass forældede politiske grænser. Samtidslitteraturen er følgelig det egentlige spejl for den samfundsmæssige udvikling. Mens politikerne udelukkende udfører kortsynet krisemanagement for at sikre den materielle velstand og deres egne magtpositioner, bestræber de væsentligt mere fremsynede forfattere sig på at bryde forbenede tankemønstre og umenneskelige grænsesystemer:

Selv politiske svar søges ikke længere hos parlamenter, men hos litteraturen. Dette er årsagen til at afspændingspolitikken mellem de to bloksystemer og mellem de to tyske stater, som har været stagnerende i årevis, fortsættes i tankerne alene hos de tyske forfattere. Til politikernes irritation fortsætter den fællestyske dialog, der går længere end samtidens moderne ideologier og som udelukkende definerer nationsbegrebet ud fra dets kulturelle traditioner uden de sædvanlige magtkrav. Kultur ... forventes gennem sin åndelighed at fuldføre det, som politik er ude af stand til at opnå med hverdagssprogets vendinger.[61]

Kun forfatterne, som på begge sider ofte er blevet skældt ud for at tilsmudse deres egen rede, har "i den oplyste patriotismes ubrudte tradition"[62] til stadighed uden tabuer og uden hensyn til landegrænser eller statsideologier taget ansvaret op over for den fælles historie. De har holdt sårene åbne, påvist modsætninger og forsømmelser og stillet tvivlen op over for troen på enkle forklaringsmønstre og skepsis op over for alle former for -ismer. Dette er en tradition, som strækker sig fra Logau via Herder og Heine til Böll og Biermann, og som Grass ser sig i. For Grass "har forfatterne altid været de bedste patrioter. Patrioter og på samme tid kosmopolitter", hvis

opfordring til enhed ikke tilstræbte en dominerende position. Deres længsel efter storhed tragtede aldrig efter herredømme, deres rigdomme var de tyske folkeslags kulturelle mangfoldighed. Denne rigdom trues ikke af inflation, dens magt er ikke undertrykkende, den bibringer viden og slipper fantasien løs. Dens kapital er det tyske sprog, og med det kan man bedrive åger.[63]

Grass har i denne sammenhæng i mange år krævet opbygningen af en rummelig "Nationalfond for tysk Kultur, så at vi omsider kan forstå os selv, så at verden kan forstå os på en anden måde og ikke kun som frygtindgydende", så at muren, "alle kulturers modstykke", i det mindste ophæves et eneste sted. Grass forudså også indvendingerne: "Men det går jo ikke! hører jeg dem råbe ... Latterligt, to stater af én nation. Og så endda kulturnation. Hvad kan man købe for det?! Jeg ved det. Det er ikke andet end en lysvågen dagdrøm. (Endnu en pandefødsel.)" (s. 67f.)

At tyskerne, som altid vil gøre det umulige muligt,[64] ikke lægger mærke til deres forfatteres drømme, er ikke nyt og ifølge Grass bevist med deres histories skæbnesvangre kurs. Også derfor drømte han allerede for nogle år siden om en Rotteske, for hvem Tyskland aldrig var delt, men som helhed var "gefundenes fressen".[65] Efter romanens mareridt om den tredje og den fjerde verdenskrig, forsvandt hans fædreland endog fuldstændigt fra den atomforgiftede jord, og Grass kunne kun med sin Rotteske recitere: "Der var engang et land, det hed Tysk."[66] Men selv denne "katastrofale bog i en katastrofal tid"[67] ville skrives for at bevise, at forfattere ikke er "til at slippe af med. Rotter og spyfluer, som gnaver i den store konsensus og strinter på det hvide linned" (s. 66). Så længe menneskeslægten ikke helt har opgivet sig selv, vil formentlig også Günter Grass – splittet mellem sin pessimistiske historiefilosofi og sine intentioner som kritisk oplyser – som Sisyfos rulle sin sten videre.[68] Han vil (i bedste fald) trække litterær kraft ud af sin politiske afmagt, for alene "vores litteraturs tradition kræver denne afmægtige trods" (s. 69).

Udblik: De blåøjede drømmes endeligt som begyndelse på en grå modhistorie?

Hvad der i 70'erne kun kunne udkastes som en vovet litterær fiktion – Tysklands enhed som kulturnation – blev overhalet af den politiske udvikling. Andre muligheder har nu erstattet den genforening i litteraturen, som dengang med god grund blev besvoret. Muren blev mod forventning pludselig gennemtrængelig og derefter ophævet. Hvad der hører sammen, vokser sammen igen, som Willy Brandt som bekendt sagde, da muren faldt. Hvad der begyndte som forfatternes selvbevidste fremstød, finder foreløbig sin grænse i de åbnede grænser.

Forfatterne er trængt i defensiven, det tyske spørgsmål lader sig øjensynligt ikke længere primært besvare ud fra kulturen. Den selvudnævnte realist, *Spiegel*-redaktøren Rudolf Augstein, sagde til Günter Grass, at "toget er kørt, De sidder ikke med i det"; og Günter Grass ville ikke vide af det – "og jeg hævder, at toget ikke er væk endnu"[69] – selvom også han for længst havde kunnet vide bedre. Indrømmet: Der findes, som Grass ved lige så godt som Thomas Mann gjorde, "ikke nogen større hån end den mod digteren, som stiger ned i den politiske arena".[70] Men skal forfatteren gøre det alt let for sine politiske modstandere, hvis han vover det alligevel?

Kredsen har sluttet sig på ny. Digternes Kassandra-råb støder igen på døve øren, og den uendelige tyske historie går sin absurde gang. Det er en kendsgerning, at det "andet Tyskland" først har stemt med hænderne og fødderne, så med stemmesedlerne, og at den konservative "Allianz für Deutschland" har vundet valgene i DDR med det vestlige CDUs 50'er-slogans. Den første succesfulde revolution made in Germany har allerede spist sine egne børn; økonomiske og statspolitiske løsninger er endnu kun et spørgsmål om tid, og politik er, som man siger, det frirum, som økonomien giver til den.

Men den fantasibegavede Günter Grass synes i øjeblikket ikke at ville lade sig vække af realiteterne eller rive ud af sine i mellemtiden blåøjede ønske-drømme. Som digter på den politiske sidelinie er han blevet umådelig skuffet over den postrevolutionære udvikling i DDR, som i hans øjne på ny alt for hurtigt begiver sig fra den ene ideologiske afhængighed ind i den næste. Grass derimod forsøger åbenbart at redde det, der for længst ikke kan reddes mere, ved at holde urokkeligt fast i sine gamle argumenter. Hvis han virkelig tror på sin meningsdannende indflydelse på befolkningen, overlader forfatte-ren dermed sporskiftet til dem af sine samtidige, der er mindre drømmevorne end ham, dvs. til de højredrejede demagoger og de kvikke økonomiske ideo-loger, som allerede nøjagtigt ved, hvilken retning toget skal køre videre i.

Alligevel holder den tankefulde "vandreprædikant" fast i sin på mange punkter begrundede skepsis, mens han balancerer mellem bevidst provoka-tion og fortvivlet trods. Han minder sine landsmænd om de tømmermænd, der uundgåeligt vil følge efter den følelsesbetonede Tysklandsrus, og stiller i denne sammenhæng grundlæggende spørgsmålstegn ved det tyske spørgs-mål selv. For ham kommer det lige nu an på, at man undgår den tyske esote-rik og ikke sætter idéen om det europæiske Tyskland og drømmen om det for-enede Europa på spil.[71] Ved en genforening af Gruppe 47, afholdt i Prag i maj 1990 efter invitation af forfatteren og præsidenten Václav Havel, læste Grass op af sit seneste manuskript, *Totes Holz*, hvis tema er ødelæggelsen af miljøet. Kun ved at se på Tyskland udefra, får Tysklandsproblematikken et passende perspektiv, thi "set fra Kina, Indonesien og Indien skrumper det gamle konti-nent sammen til legetøjsstørrelse, afslører det 'tyske spørgsmål' langt om længe sin tredjerangskarakter" (s. 36). De egentlig nutidsproblemer – særlig den stadig fremadskridende miljøødelæggelse – forbliver jo alligevel uberørt af disse i grunden tredjerangsbekymringer, og om "få måneder vil euforien have lagt sig, og vi vil stå over for disse problemer uden svar. De forurenede og forgiftede floder, den forurenede og forgiftede luft kender ingen grænser", som Grass siger i talen "The German Languages". Man kan frygte, at Günter Grass får ret i disse spørgsmål, men i politik synes der efter genforeningen ikke at være noget spillerum for hans utopiske overvejelser hinsides enten-eller og hinsides det eurocentriske perspektiv.

Denne slags modstand er forfatteren ikke vant til fra litteraturen, som kompromisløst kan konfrontere sig med paradokse og modsætningsfyldte virkeligheder. Dér er der nemlig andre vanskeligheder, kæmpemæssige materialemængder og æstetiske love. I litteraturen er det dog til enhver tid muligt at holde tredje veje[72] eller endog tredje bryster åbne for ham og læseren – som i romanen *Flynderen* (*Der Butt*). Forfatteren kan modsætte sig absolutte krav og gøre op med binære modsætninger ligesom bondekonen, der fortalte to versioner af flynderens historie. Han kan ligesom hende insistere på, at vi må tage "ene og det andet tilsammen".[73] Forfatteren kan nævne de andre sandheder ved navn, som det hedder i *Flynderen*, afsværge det ideologiske sort og hvidt, kaste et slør af grå asketisk tvivl over virkelighedens mange lag, fejre grå messer[74] og – med kvalme over det "kristent-marxistiske ævl" – frem for alt le ad enhver idé, som lover at være den sidste station for Sifyfos' sten på toppen af bjerget.[75]

Uden selv at ville anbefale formentlige udveje, som for eksempel tilbage-toget i elfenbenstårnet eller flugten ind i det kunstneriske paradis, vil jeg holde fast i muligheden for at forestille sig, at borgeren Günter Grass' primært ikke-litterære indsigelser snart vil blive fulgt op af en mindre entydig litterær forarbejdning af de tyske spørgsmål, farvet af blygrå melankoli og spækket med tyske-alt-for-tyske bekymringer og måske med kvinder, der pludselig træder ind og, som Heines franske elskerinde, fordriver disse "nattetanker" med et smil. For som forfatteren siger i sin foreløbige statusopgørelse over sig selv som forfatter, "At skrive efter Auschwitz", må der siges noget til også dette tema fra et distanceret perspektiv, noget, der indtil nu ikke er kommet til orde: "En gammel historie vil fortælles på en helt anden måde" (s. 38).

Det er stadig tilladt at drømme om gode ånder i politik; den onde opvåg-nen kommer for det meste alligevel tidligt nok og tyskerne som bekendt altid for sent, som Thomas Mann vidste.[76] Men netop for forfatteren står der endnu en mulighed åben ved siden af den politiske "modtale": Den radikale æstetiske position, en tilbagevenden til fiktionens utopi, det hvide ark, som igen og igen vil plettes med de mest modstridende drømme og fyldes med fantasifulde modhistorier. Som altid hos Grass er udsigten grå: Litteraturen gør, når den står over for en myriade af tredje veje, det umulige muligt. Historiens afslutning er (i bedste fald) åben ...

Oversat af Anne-Sofie Dideriksen

NOTER

1] Artiklen er en oversættelse af det tyske manuskript "'Denk' ich an Deutschland in der Nacht ...' – (Alp)träume des Schriftstellers und Bürgers Günter Grass", som forfatteren venligst har stillet til rådighed. I artiklen er de eksisterende danske oversættelser af Grass' værker benyttet ved citering. Uoversatte taler, essays, interviews m.m. bringes i egen oversættelse.

På engelsk er artiklen udkommet under titlen: "'Deutschland – ein literarischer Begriff'. Günter Grass and the German Question" i: Arthur Smith m.fl. (udg.): *German Literature at a Time of Change. Unity and German Identity in a Literary Perspective*. Bern 1991.

2] Günter Grass: *Mødet i Telgte*. København 1980, s. 7.

3] Disse idéer og de dermed forbundne traditioner diskuteres i Helmut L. Müller: *Die literarische Republik. Westdeutsche Schriftsteller und die Politik*. Weinheim 1982, spec. s. 17ff., 48 og 167.

4] Günter Grass: *Werkausgabe in zehn Bänden* (Volker Neuhaus, udg.). Darmstadt 1987, IV, s. 165.

5] Jf. udgivelsen af f.eks. Rudolf Augstein og Günter Grass: *Deutschland, einig Vaterland? Ein Streitgespräch*. Göttingen 1990.

6] Ordet "pandefødsel" er Per Øhrgaards oversættelse af det tyske ord "Kopfgeburt" og betyder noget i retning af tankespind, idéer, som ikke stemmer overens med virkeligheden. Günter Grass anvender bla. ordet i bogen *Kopfgeburten oder die Deutschen sterben aus* (1980).

7] Grass: *Mødet i Telgte* (jf. note 2), s. 137.

8] Grass i interviewet "Da wird ein regelrechtes Traumverbot ausgesprochen" i *taz*, 12. februar1990, s. 10.

9] De følgende sidetal i parentes henviser til følgende danske oversættelse af en del af Günter Grass' essays og taler om Tyskland under titlen: Günter Grass: *Skriften på muren*. København 1990.

10] Günter Grass: *Af en snegls dagbog*. København 1973, s. 283.

11] Grass: *Werkausgabe*, IX (jf. note 4), s. 158.

12] Grass: *Af en snegls dagbog*, s. 283. For diskussioner af forholdet mellem litteratur og politik hos Günter Grass, se Volker Neuhaus: *Günter Grass*. Stuttgart 1979, s. 125ff.; Otto F. Best: "'Doppel-leben' zwischen Evolution und ewiger Wiederkehr. Überlegungen zum postgastropodischen Werk von Günter Graß (sic!)" i: *Colloquia Germanica*, 15, 1982, s. 111-121; Müller: *Die literarische Republik* (jf. note 3), s. 206ff.

13] Grass: *Af en snegls dagbog*, s. 286.

14] Günter Grass: *Deutscher Lastenausgleich. Wider das dumpfe Einheitsgebot. Reden und Gespräche.* Frankfurt a.M. 1990, s. 46.

15] Grass: *Werkausgabe*, IX, s. 158.

16] Grass: *Werkausgabe*, VI, s. 128 og 136.

17] Grass: *Mødet i Telgte*, s. 72.

18] Grass: *Werkausgabe*, IX, s. 925.

19] Grass: *Mødet i Telgte*, s. 134.

20] Grass: *Werkausgabe*, IX, s. 267.

21] Grass: *Werkausgabe*, IX, s. 932-934.

22] Grass: *Werkausgabe*, IX, s. 163.

23] Grass: *Werkausgabe*, IX, s. 933.

24] Grass: *Werkausgabe*, IX, s. 147 og148. Smlg. i øvrigt med Grass: *Skriften på muren* (jf. note 9), s. 26.

25] Grass: *Werkausgabe*, IX, s. 149.

26] Grass: *Werkausgabe*, I, s. 198.

27] Grass: *Werkausgabe*, IX, s. 115.

28] Grass: *Werkausgabe*, IX, s. 425.

29] Grass: *Werkausgabe*, IX, s. 147.

30] Grass: *Werkausgabe*, IX, s. 426.

31] Grass: *Skriften på muren*, s. 87.

32] Grass: *Werkausgabe*, IX, s. 457.

33] Grass: *Werkausgabe*, s. 79; smlg. også Grass: *Deutscher Lastenausgleich* (jf. note 14), s. 13ff.

34] Grass: *Werkausgabe*, IX, s. 454.

35] Grass: *Werkausgabe*, IX, s. 341.

36] Grass: *Werkausgabe*, IX, s. 447.

37] Grass: *Werkausgabe*, IX, s. 418 og 419.

38] Grass: *Deutscher Lastenausgleich*, s. 42f.

39] Grass: *Deutscher Lastenausgleich*, s. 44.

40] Se Jens Jessens reaktion: "Leichtfertig. Günter Grass über Auschwitz" i: *Frankfurter Allgemeine Zeitung*, nr. 39, 15. februar 1990, s. 33.

41] Grass: *Skriften på muren*, s. 37f., se også Augstein og Grass: *Deutschland* (jf. note 5), s. 57.

42] Smlg. Augstein og Grass: *Deutschland*, s. 59.

43] Smlg. Jessen: "Leichtfertig", s. 33 og Wolfram Schütte: "Voneinander Lernen lernen. Auf einem deutsch-deutschen Schriftstellertreffen im Literarischen Colloquium" i: *Frankfurter Rundschau*, nr. 47, 27. februar 1990, s. 10; specielt Johano Strassers og Dieter Wellershofs synspunkter.

44] Grass i et interview med Andrew Fischer: "A third way for Germany?" i: *Financial Times*, 4. december 1989.

45] *taz*, 12. februar 1990, s. 10.

46] Augstein og Grass: *Deutschland*, s. 89.

47] Begge citater fra: Grass: *Werkausgabe*, IX, s. 114.

48] *Financial Times*, 4. december 1989, s. 12.

49] Grass: *Werkausgabe*, IX, s. 454.

50] Smlg. Müller: *Die literarische Republik*, s. 166; Andreas Rossmann: "Die Einheit – eine (literarische) Fiktion?" i: *Deutschland Archiv* nr. 6, 1981, s. 568f., Grass i en samtale med Wolfram Schütte: "Die liegengebliebenen Themen" i: *Frankfurter Rundschau*, nr. 24, 29. januar 1980, s. 9.

51] Grass: *Werkausgabe*, VI, s. 149.

52] Smlg. Grass: *Deutscher Lastenausgleich*, s. 33 og Wolfgang Werth: "Kommentare zur Lage der Nation. Ein Grass-Hearing in München" i: *Süddeutsche Zeitung*, 30. maj 1979, s. 11.

53] Grass: *Mødet i Telgte* (jf. note 2), s. 72.

54] Grass: *Mødet i Telgte*, s. 71.

55] Werth: "Kommentare", s. 11.

56] Om overvindelsen af spaltningen, se Hans Mayer: "Literatur heute im geteilten Deutschland" i: *Politik und Kultur*, nr. 4, 1978, s. 3-21, spec. s. 19.; se også Grass: *Deutscher Lastenausgleich*, s. 33-39 og Schütte: "Die liegengebliebenen Themen", s. 9.

57] Grass: *Mødet i Telgte*, s. 134.

58] Werth: "Kommentare" (jf. note 52), s. 9.

59] Grass: *Werkausgabe*, VI, s. 142.

60] Günter Grass: "The German Languages". Ikke offentliggjort manuskript af en tale, som Grass holdt i et bevidst enkelt sprog, og som han venligst har stillet til rådighed for nærværende forfatter, her s. 4.

61] Grass: "The German Languages", s. 3f.

62] Rossmann: "Die Einheit" (jf. note 50), s. 568.

63] Grass: "The German Languages", s. 4 og s. 14.

64] Grass: *Werkausgabe*, IV, s. 241.

65] Günter Grass: *Rottesken*. København 1986, s. 205.

66] Grass: *Rottesken*, s. 83.

67] Grass: *Werkausgabe*, X, s. 360.

68] Om Grass' forhold til Camus' filosofi, se: Werner Frizen: "Die Blechtrommel – Ein schwarzer Roman. Günter Grass und die Literatur des Absurden" i: *arcadia*, 21, 1986, s. 166-189 og Dieter Stolz: "Der frühe Grass und die Literatur des Absurden (1954-1959)" i: *Germanica Wratislaviensia* LXXXII, Mikrofiche 6, 1988, s. 229-378.

69] Augstein og Grass: *Deutschland* (jf. note 5), s. 62 og 78.

70] Grass: *Werkausgabe*, IX, s. 113.

71] Grass: *Werkausgabe*, IX, s. 448.

72] Grass: *Werkausgabe*, I, s. 92.

73] Günter Grass: *Flynderen* 2. København 1978, s. 63.

74] Grass: *Werkausgabe*, I, s. 145.

75] Grass: *Werkausgabe*, IV, s. 212 og VI, s. 213.

76] Thomas Mann: "Deutschland und die Deutschen" i: Thomas Mann: *An die gesittete Welt. Politische Schriften und Reden in Exil*. Frankfurt am Main 1986, s. 117f.

"For ham ville det, som engang havde været, ikke tage ende"
Om historisk fortælling hos Günter Grass

Af Anne-Sofie Dideriksen

Som Günter Grass formulerede det i en tale fra 1999 har historien, så længe han har skrevet, gået ham på tværs.[1] I hans over 40 år lange forfatterskab spiller den tyske historie en central rolle i værkernes tematik lige fra romandebuten *Bliktrommen* (*Die Blechtrommel*, 1959) til den sidste store udgivelse *Mit århundrede* (*Mein Jahrhundert*, 1999). Ligeledes i romanen *En længere historie* (*Ein weites Feld*) fra 1995, som sættes stævne i denne artikel. Her har Grass taget tiden omkring genforeningen op i en fortællekonstruktion, der muliggør tilbageblik på de sidste 150 år af Tysklands historie. I *Mit århundrede*, som i forbindelse med *En længere historie* inddrages i det følgende, udfolder Grass de sidste 100 års tyske historie i 100 fortællinger, én for hvert år. Men hvordan fortæller Grass fortiden? Grass har, som vi skal se i denne artikel, sine helt særlige strategier, som ikke stryger de traditionelle forventninger til historie-fortælling med hårene.

At gribe tilbage til fortiden for at handle i og forstå nutiden er også den gestus, Grass bruger, når han som altid aktiv borger i sit land tager stilling til den politiske udvikling og markerer sine standpunkter om Tyskland. Et eksempel er Grass' indvendinger mod den tyske genforening. De er baserede på det argument, at det sidste samlede Tyskland, som ophørte i 1945, netop

som nation var arnested for irrationalisme og fascisme, og at man med en for-
nyet samling af Tyskland ville slippe disse kræfter løs igen. Op gennem
90'erne har hans standpunkter ikke ændret sig synderligt; Grass holder fast i
den enhedsskeptiske position, som han indtager allerede i 60'erne, og som
Dieter Stolz i forrige artikel også har gjort nærmere rede for. Til Stolz' gen-
nemgang kan man tilføje, at Grass i 90'ernes taler efter genforeningen[2] fortsat
ser det gyldige i denne historiske sammenligning mellem Tyskland før 1945
og efter 1990: De opblussende antisemitiske og fremmedfjendtlige tendenser,
der har præget de første år efter genforeningen, bekræfter i hans øjne tesen
om det samlede Tysklands potentielle irrationalitet og fascisme. At en konfø-
deration havde været den optimale løsning for et samlet Tyskland, som Grass
plæderede for før genforeningen, holder han stadig fast i med henvisning til
den sociale og økonomiske skævhed mellem det tidligere øst og vest.

Kernen i Grass' skepsis over for den tyske enhed og drivkraften i hans
historiske tænkemåde beror på, at "vi ikke kommer uden om Auschwitz",
som han udtrykker det i talen "At skrive efter Auschwitz" ("Schreiben nach
Auschwitz", 1990). Auschwitz bliver i Grass' forståelse en cæsur, et civilisa-
tionsbrud, som altid gælder som referencepunkt i al diskussion om tyskhed,
Tyskland og tysk nation, og som ikke kan rykke ud i en fjernere historisk hori-
sont. At holde Auschwitz nærværende er at holde det tyske folks ideologiske
potentiale nærværende, at se, hvad folket har været og i Grass' øjne forment-
lig igen kan være i stand til, når det er sammensluttet i én nation. På denne
måde er Auschwitz en "gevinst", som Grass siger i talen, for nu "kender vi
endelig os selv".[3] Grass' samlede pointe er, at man ved at medtænke den tyske
fascistiske fortid kan reflektere over og tydeliggøre farerne ved at genforene
de to Tysklande.

At anskue tingene i historisk perspektiv, at gøre fortiden nærværende og
ikke fortælle den som afsluttet og forgangen er også et karakteristisk kende-
tegn for Grass' litterære historiske fortællen gennem årene. Denne impuls sås
allerede med *Bliktrommen*, hvor hovedpersonen Oskar med sin tromme slår
alt det fortrængte og hengemte frem. Historiens bagside skrives frem fra
skæve fortælleperspektiver, når gnomen Oskar fortæller om tiden før, under
og efter krigen med afslørende kraft. Bagsiden af historien, de små hændelser,

alt det, der med Grass' ord gemmes "bag den statsbårne tribune", kommer frem med disse blik nedefra på historien, blik, der som i kejserens nye klæder tillader sig at se majestæten nøgen.[4]

For Grass eksisterer der således en historiens for- og bagside, en officiel og en uofficiel historie. Der er en historiens tribune, hvor vi ser den iscenesatte historie og en plads under scenen, hvor hans helte iagttager verden, som Oskar bogstavelig talt også gør i *Bliktrommen*. Et af romanens højdepunkter er, når Oskar gemmer sig under en tribune til et stævne for nationalsocialister, ser ud på spektaklet gennem et knasthul og til sidst med sin undergravende tromme får slået marcherne over i valsetakter. Historiske forklaringer, sammenstrikkede af forskellige fakta og argumenter for, hvordan tingene i virkeligheden var, som Leopold von Ranke sagde, kan altid trævles op igen og strikkes om med nye tråde, tråde, som det skæve blik fra neden henleder opmærksomheden på. Brugen af det skæve blik beskriver et opgør med dels at se historien fra de store mænds perspektiv – den klassiske måde at bedrive den traditionelle, politiske personcentrerede historie på – og med dels at se historien som en mængde store overindividuelle strukturer, som den videnskabelige socialhistorie også gør det. Vi finder heller ikke historien set og fortolket af den type-helt, som Georg Lukács i *Der historische Roman* anså for at være det rette medium for fortællingen – Grass' helte er, formet i den pikareske tradition, abnorme, løgnagtige, upålidelige og på ingen måde repræsentative.

Modstanden mod den officielt iscenesatte historie må anses for at være impulsen bag et yderligere væsentligt kendetegn ved Grass' historiske fortællen ud over brugen af det skæve blik på verden. På forskellig vis bruger og misbruger han velkendte kategorier, som historien normalt fortælles i og gøres begribelig udfra. Kronologi, fremadskridende fortælling, orden og sammenhæng i det fortalte – alt det, man forbinder med en traditionel historisk fortælling – viruleres til stadighed i Grass' historiske fortællen med fiktionens hjælp. For, som han siger i en tale fra 1986, så overses det, at forfatteren "netop ikke ordner historiens forløb, men bevarer det i sin absurditet",[5] og Grass yder med sine subversioner af de kendte kategorier modstand mod den historisk-videnskabelige måde at skrive historie på. Den professionelle historiker indlemmer ifølge Grass "lige så livløst som præcist"[6] de historiske hændelser i den daterede historie. På dette plan omskriver Grass' værker ikke så meget indholdet af den officielle, iscenesatte historie, som de reflekterer over den form, historien formidles i. Således opererer Grass både historisk, idet han ønsker at fortælle, hvordan tingene virkelig var, og metahistorisk, da han også medtænker, hvordan dette kan fortælles. Grass' litterære fortællinger berører dermed den historievidenskabelige diskurs om betydningen af fortælleformen for forståelsen af det historiske, som har været særdeles påtrængende de sidste 20-30 år, og som f.eks. i Tyskland blev diskuteret systematisk af en arbejdsgruppe med kendte historikere som Jürgen Kocka, Thomas Nipperdey, Jörn Rüsen og Reinhart Koselleck.[7]

Grass kerer sig altså om betydningen af fortællingens form for videregivelsen af det historiske stof, men særligt denne metahistoriske streng, Grass slår an med sine fortællekonstruktioner, har tendens til at blive overset i den offentlige kritik af Grass. Ofte fokuserer kritikere på det politiske indhold af det fortalte og behandler hans litterære værker inden for rammerne af og spillereglerne for den offentlige, politiske diskurs, som hans essays og taler føjer sig ind i. Dette gjaldt også for modtagelsen af *En længere historie* i Tyskland. Denne artikel er et forsøg på at se disse metahistoriske strenge i forbindelse med en betragtning af Grass' teknikker for historisk fortællen.

Konkret står tre hovedpunkter på dagsordenen. I *En længere historie* spilles to måder at omgås fortiden på ud mod hinanden: Hovedpersonen Fontys og Fontane-arkivets, som er romanens fortællere. Artiklen her vil undersøge dramaets parter hver for sig: Fonty og hans specielle måde at fortælle fortiden på skal her være det første punkt, og da hans historiske fortællestrategi har en parallel i Grass' seneste værk, *Mit århundrede*, tager artiklen påfølgende en afstikker til dette brogede fortælleværk. Andet punkt bliver en undersøgelse af den (meta)historiske tematik, der findes på fortællerplanet i *En længere historie* – med andre ord betragtes det fortællende arkivs fortællestrategi, som underkastes en tiltagende ironi gennem romanen. I mødet mellem de to fortællestrategier fremskrives en problematisering af ordnende forklaringsmodeller og entydige fortællinger om det historiske generelt. Hvis man holder sig den problematisering for øje, er der skabt et grundlag for at læse *En længere historie* som mere end blot en iscenesætning af forfattersynspunkter om genforeningen. Den kan også læses som en udforskning af fortællemuligheder og som en metahistorisk tænkeboks, og som et tredje og sidste punkt samles derfor romanens historiekritiske tråde.

En længere historie *og Historien*

Hvordan Grass får skrevet gemt og glemt fortid frem og formår at spille ironisk på velkendte former for historisk fortællen, har han i 90'erne demonstreret i murstensromanen *En længere historie*. Det næsten 800 sider lange værk præsenterer historien om østtyskeren Theo Wuttke, en 70-årig original, som lever i den skurrile overbevisning, at han er den tyske forfatter Theodor Fontanes (1819-98) gengænger. Wuttke, der af denne grund også kaldes Fonty, følges på sin færd i tiden 1989-91 rundt i Berlin og på sin arbejdsplads i Ministeriernes Hus, hvor han har tjeneste som kontorbud. Med konstruktionen af den i romanen udødelige Fontane i Fontys skikkelse er de historiske horisonter åbnet helt tilbage til den første tredjedel af det 18. århundrede. Romanen afstikker på denne måde et stort rum for historiske tilbageblik.

Samtidig præsenterer værket også "mellem linierne", som Grass siger i et interview, en biografisk roman om Theodor Fontane. Fontane underkastes en fortolkning i skikkelse af figuren Fonty, for i "Fontys spejlinger kunne jeg så gøre alle Fontanes facetter synlige".[8] Fontanes liv ses gennem Fonty, som fødes i 1919 præcis 100 år efter den gamle mester og i alle livets tilskikkelser repeterer dennes biografi, komplet med en mavesyg- og sur kone ved navn Emmi, en lidt tvær datter Martha og et anstrengt forhold til de tre sønner, Georg, Friedel og Teddy. Sønnerne har familien Wuttke dog ikke set i mange år (Georg er desuden død i mellemtiden), efter at de aldrig kom hjem fra en ferie i vesten hos Fontys søster Lise i Hamburg, ifølge konen Emmi "fordi han [Fonty] lige fra begyndelsen havde den dér fikse ide" (s. 135)[9] med sit gengangeri. Fonty har under 2. verdenskrig arbejdet som krigskorrespondent og efter krigen som kulturforbundsmedarbejder i DDR og citerer også her Fontanes livsløb: Fontane berettede i 1864 og 1866 fra fronterne i Danmark og Østrig og blev senere permanent sekretær for det preussiske Akademie der Künste.

Tilsat denne spejlingsproblematik er en yderligere figur, spionen Tallhover. Denne har overvåget Fontane på hans tid, overtager i 1953 som Stasi-agent Fonty som objekt under navnet Hoftaller og viderefører selv efter murens fald denne overvågning af Fonty som dennes "dagognatskygge" (tysk: Tag-undnachtschatten).

Fonty gennemspiller således Theodor Fontanes liv i alle facetter, og dette gentagelsens princip, som ligger til grund for romanens figur- og handlings-opbygning, udfolder sig som en kompositorisk parallel til Theodor Fontanes tese om altings evige genkomst i historien. Fonty selv fører også denne histo-rietese videre i sin kommentering af den genforening, han oplever i roma-nens forløb i 1990. Genforeningen ser han nemlig som en gentagelse af Bismarcks samling af Tyskland: "Det var ikke anderledes i 70-71. Tysk enhed er altid profitjægernes og skiderikkernes enhed" (s. 299). Genkomsttesen fin-der også set fra Fontys synspunkt sit billedlige udtryk i en åben elevator, en såkaldt paternoster, som befinder sig i Ministeriernes Hus, hvor Fonty bringer mapper fra etage til etage med adrætte spring ud og ind af kabinen. Pater-nosteren kører i en uafbrudt cirkelbevægelse, vender ved øverste og nederste etage, og det er i denne bevægelse, historiens forløb bliver anskueliggjort for Fonty.

På alle måder kan direkte paralleliseringer af to historiske hændelser, som f.eks. Fontys ovenstående, ikke betegnes som en historisk betragtningsmåde. At anskue tingene historisk indbefatter netop, at hver tid eller hændelse ses i dens egenart. Mange kritikeres indvending mod romanen tog afsæt i dette punkt, og Fontys gennemgående sammenligning af tysk enhed i det 19. og i det 20. århundrede blev kritiseret stærkt.[10] Men for at yde *En længere historie* retfærdighed som kompliceret, fiktiv og ikke mindst kritisk metahistorisk konstruktion må en betragtning af romanen gå videre end til at isolere Fontys egentlig ahistoriske sammenligninger som krystallationspunkt for, hvad romanen udsiger om historien som sådan og mere specifikt om Tysklands historie.

Fontys tese om altings gentagelse udgør eksempelvis kun ét plan i den historiske, meget sammensatte tematik i romanen. Endskønt parallellerne mellem den første og den anden genforening i Fontys øjne er mange, så har åbningen mod fortiden også en funktion på et andet plan. Den kan nemlig også tolkes som en insisteren på at betragte genforeningen i historisk lys og som et træk, der viser sig at gøre historien bevægelig og foranderlig. Det vender vi tilbage til, efter at vi først har lyttet lidt til:

Fontys historie(r)

Helten Fontys omgang med Tysklands fortid og med Fontanes liv i *En længere historie*: Man kan med det samme slå fast, at Fontys specielle sprog i romanen danner udgangspunkt for en autoritativ historisk diskurs. Autoritativ bliver den, fordi den er sig forskellige implikationer ved historisk fortællen og forståelse bevidst i modsætning til andre romanfigurers måde at gribe f.eks. genforeningsproblematikken på. Ved at holde sig dette for øje undgås en læsning af Fontys blotte udsagn som endimensionelle kommentarer til Tysklands genforening.

Vi starter med at tage Fontys sprog under lup – et yderst konstrueret kunstsprog. Fonty taler i Fontane-citater og henviser med sin egen tale til andre tekster med andre kontekster end den aktuelle, han udtaler sig i. Citatsnakkeriet har to funktioner: For det første åbnes den historiske horisont ned til det 18. århundrede gennem sproget. For det andet er Fontys "snakken" tvetydig og har altid usikre forståelseshorisonter. Man kunne gribe tilbage på Fontanes tekster for at uddybe det sagte nærmere, men problemet udskydes altid, for i hvilken sammenhæng har Fontane skrevet sine tekster, hvad har påvirket hans udsagn? Forståelsen af Fontys tale afhænger også af læseren: Hvor megen viden har denne om Fontane? Med den markerede intertekstualitet i Fontys tale, som citatsnakkeriet kaldes med en fagterm, henvises der til et i princippet utæmmeligt betydningsoverskud. At indløse udsagn om den tyske historie og genforeningen er derfor sat i scene som et forehavende, der ikke kan gå uproblematisk for sig inden for romanens rammer.

Tvetydigheden i Fontys sprog sætter sig spor i hans stil. At tale direkte om tingene er ikke Fontys gebet, og af samme grund er hans snakken anekdotisk-pludrende, han er "inderlig ligeglad med den slags begivenheder, som partout vil være store" og er mere for "den aparte detalje" (s. 10). Det afspejles eksempelvis i et mindre historisk skrift, han på bestilling forfatter om Ministeriernes Hus, og som skal præsentere bygningens historie fra dens funktion som preussisk regeringsbygning, rigsluftfartsministerium i Hitlertiden, administrationsbygning under navnet Ministeriernes Hus i DDR-tiden og sluttelig som hjemsted for Treuhand-anstalten. Opgaven løser Fonty ved at fortælle detaljeret – skriftet kalder han "mit tilbageskuende og djævelsk til detaljen klæbende memorandum" – og med allehånde opremsninger og mængdeangivelser: "siger og skriver 1715 i 15 rækker anbragte kakler af Meißner-porcelæn" (s. 403). Fonty har svært ved at reducere og ordne, tyde og forklare, fordi "ham ville det, som engang havde været, ikke tage ende" (s. 401). I sammenhæng med skriftet kalder fortællerne, arkivarerne fra Potsdam, også Fonty for "krønikeskriveren", og på dette punkt opviser hans fortællestrategi også en narrativ parallel til den førmoderne historiske fortælleform, krøniken. Oplysningerne følger efter hinanden uden overgang ligesom i krøniken, hvor det er kronologien, der er bestemmende for strukturen, ikke den enkelte krønikeskrivers idéer om bestemte mønstre i historien. Historiens mønster og fortolkningsperspektiv var givet for den førmoderne krønikeskriver: Det lå i Biblens hellige historie med forudgivne periodiseringer etc.

Bag Fontys beretning synes der imidlertid ikke at befinde sig nogen forestilling om et bestemt forløb i historien, det være sig den førmoderne, hellige histories forløb eller moderne forestillinger om historie som f.eks. et fornuftigt, rationelt forløb, da beretningen fortaber sig i detaljer og petitesser, i tal og rækker og ikke ordner de enkelte historiske begivenheder og fakta. Fontys skrift om Ministeriernes Hus afvises således også af Treuhand-ledelsen med den begrundelse, at den "alt i alt grundige studie opholdt sig for meget ved fortiden. Den savnede et positivt perspektiv på den fremtidige udvikling" (s. 465). Med Fontys kronologisk detaljerede beretning opstår derimod et indtryk af uorden i historien, en historie, som virker "uskrevet" på den moderne læser, ligesom de gamle krøniker kan forekomme som endeløse småhistorier uden sammenhæng set med moderne syntesesøgende briller.

Når man ser på Fontys kommentarer til genforeningen gælder således to vigtige forhold: For det første taler han tvetydigt, og for det andet sigter han ikke efter at ordne et billede af det historiske.

Men samtidig betones vigtigheden af at se tingene i historisk perspektiv – om end der fremkommer en speciel fortolkning af, hvad et historisk perspektiv er. Historien får med den overhistoriske Fonty og hans citater en erindringsdimension; det, der er blevet historisk, er levende i Fontys erindring og sprog. Fortiden påkaldes således som uomgængelig forståelsesbaggrund for samtidens hændelser, og den påkaldelse må ses i forhold til en tematisering af glemsel og fremtidskult i romanen. Treuhandledelsens afvisning af Fontys skrift aktualiserer dette tema. Med formuleringen af deres negative vurdering af skriftet fortolkes det officielle Tysklands opfattelse af "die Wende" (det tyske ord for vending eller omslag, som bruges for overgangen fra det delte til det samlede Tyskland). "Die Wende" fremstilles som en erindringsudslettende vending, idet Treuhandanstalten kræver erindringsabort og fremsyn modsat Fonty, der fortaber sig i fortiden. Fontys datter Martha personificerer også en "vendehals". I sin nye rolle som kapitalist i slutningen af bogen, da hun har overtaget sin afdøde mands vesttyske firma, afskriver hun uproblematisk alt, hvad der var:

Det skal man kunne: begynde helt forfra, ikke kigge sig tilbage over skulderen. Det, der var her engang, er alligevel forbi og færdigt, selv om jeg altid siger, at det ikke var alting, der var dårligt i vores republik. Effektivt var det ikke. Planøkonomi? Selvfølgelig. Men kun hvis den fungerer og giver overskud. Det må vi lære ... (s. 561)

Men hvordan hænger nu denne insisteren på den historiske betragtning og erindringens vigtighed sammen med, at Fonty på relativ ahistorisk vis sammenligner de to tyske enheder i to historiske samfundssystemer med over hundrede år mellem sig? Fontys syn på de historiske begivenheder som gentagelser har jo en afhistoriserende funktion på dem; deres egenart ophæves. At betragte noget historisk får en noget modsætningsfyldt fortolkning med Fontys måde at være "historisk" på. Imidlertid kan ophævelsen af begivenhedernes egenart ses som en afmytologisering af den tyske genforening som en ny begyndelse – "die Wende" bliver ikke det store, enestående vendepunkt i historien. En ny begyndelse er netop, hvad den fremtidsorienterede Treu-handanstalt og den gesjæftige Martha lægger an til. Fontys ahistoriske be-mærkninger markerer set i dette perspektiv en afstand fra denne halvvejs mytologiske forestilling om, at den tyske nation kan genopstå og samtidig endegyldigt lægge skyldkomplekser og belastende fortidserindringer bag sig. Fonty tager luften ud af det, og som det skal ses senere, tematiserer romanen umuligheden af en sådan renselse for skyld og last gennem Fonty-figurens sprog.

Genforeningen i tvivlens tegn

I *En længere historie* udgør Fontys tvetydighed ikke blot et problem for arkivet, men generelt for figurer, som har behov for en tydelig meningssætning. Romanen iscenerer et møde af forskellige diskurser om genforeningen og historien som sådan. Mødet når et højdepunkt ved skildringen af Fontys datter Marthas bryllup. Øst-vest-problematikken slåes an med tilrejsende gæster fra det tidligere Vesttyskland: Marthas ægtemand, jordspekulanten Heinz-Martin Grundmann, hans datter Martina og Fontys og Emmis søn, Friedel, der er ankommet fra Wuppertal, hvor han er forlagschef ved et mis-sionsforlag. Mødet mellem sønnen, de øvrige "Wessis" og Fontys familie fra øst beskriver en vanskelig genforening i sig selv. En fremmedhed sniger sig ind over selskabet, som den også deltagende præst Bruno Matull sluttligt får sat ord på: "Vi kender ikke hinanden. Vi fatter ikke hverandre."[11]

Spændingerne vokser, da man efter Fontys bordtale kommer ind på den kommende enhed, for den "havde alle en mening om". Et mangestemmigt bidrag til temaet folder sig ud. Friedel ønsker den tyske skyld lagt "skånsels-løst åbent" frem som en betingelse for den forestående forening af de to Tysklande. Han bliver her figuren, som forlanger den tydelige meningssæt-ning, Fontys tvetydigheder altid viger udenom:

Jeg savnede i hvert fald klare ord i fars bordtale. Hørte kun tvetydigheder. Sådan finder vi ikke hinanden. Det vi har brug for, er at skylden lægges klart frem. Derfor vil mit forlag være på markedet til efterårsmessen med en bog, som under titlen 'Sådan blev vi skyldige' samler rystende bekendelsesagtige udsagn, og det både fra øst og vest. Sådan en bekendelse ville jeg gerne høre, om ikke fra Martha, så i det mindste fra dig, far – og vel at mærke uden alle dine sædvanlige krummelurer.

Den fromme Friedels krav om at få bragt entydig orden i sagerne gennemhulles imidlertid af Fonty, der igen styrer forbi det centrale: ”Frygtelig rigtigt alt sammen … Men skylden er en længere historie og enheden en meget lang en, for slet ikke at tale om sandheden.” Fonty tilbyder derfor Friedel et udvalg af sine kulturforbundsforedrag, som ganske vist ikke er ”skyldbekendelser og sandhedsudsagn, men de handler om livet, som er skiftevis sådan og sådan”.

Tydeligt bliver det her, hvordan Fontys sprog ikke kan være et uproblematisk medium for entydighed og ”sandhedsudsagn” og i helt bogstavelig forstand kun kan producere en længere historie og ikke en klar, afrundet fortælling om skyldproblemet og om Tysklands tilstand. Titlen på romanen bliver et tegn for denne tvivl på enkle og kortfattede historier om fortiden, og på at fortiden kan fortælles på entydig vis. Tvivlen signaleres ved Fonty-figuren med det tvetydige sprog, og titlen i sig selv er på tysk desuden et Fontanecitat, således at den også balancerer på kanten af to kontekster. Citatet stammer fra Fontanes roman *Effi Briest,* og det er den gamle far Briests replik, der genbruges. Svært håndterbare spørgsmål, som den gamle Briest helst ikke vil tage stilling til, besvarer han med, at denne eller hin sag er ”ein weites Feld”. I *En længere historie* er denne vankelmodige taleformel overtaget til at konsolidere grundværdien tvivl med.[12]

I romanens forløb opfordrer Emmi og andre gentagne gange Fonty til at ”sætte punktum”. Den opfordring tematiserer en generel frustration i Fontys omgivelser over en sådan grundlæggende tvivl på endegyldige udsagn, som hans sprog er udtryk for. At Fontys tvetydigheder og endeløse tale tilskrives autoritet som udtryksform i romanen, tydeliggøres med en indlagt, ironisk distance til figurer som Friedel og Grundmann, der lever i forestillingen om, at tingene kan udtrykkes klart og utvetydigt. Ligeledes ligger Fontys endeløse snakken (på tysk: ”Plaudern”) Martha og Emmi fjernt. De pludresnakker ikke som Fonty; Martha snakker tværtimod berlinsk i sådan en grad, at ingen bag hendes ordvalg ville have formodet en ”mangeårigt aktiv lærerinde”, som det humoristisk hedder. Emmi, "en bastion af kød" (s. 137 og 144), pludretaler heller ikke, men former sin tale som en jamren over Fonty og sine småskavanker i form af kronisk blære- og åndedrætsbesvær.

Pastor Matull, der deltager i Marthas bryllup, får som en af de eneste figurer held med at undslippe den generelle ironi, de fleste beskrives med. I sin tale til Martha bekender han sig netop til den tvivl, Fonty i sin nys afholdte bordtale også har udtrykt, og i bedste Fonty-stil benytter han sig af henvisninger til Fontanes værk *Graf Petöfy*:

Som hin pater Feßler i et, som må jeg tilstå, mig ubekendt romanværk, der hedder 'Graf Petöfy', har gjort en protestantisk livsmaxime, det kategoriske 'Giv afkald' til sit, således har brudens fars datter Martha med sin vilje givet mig et puf til fra nu af at give afkald på troen. Ja, jeg vil være uden tro! Ja, mere end det: dette 'Giv afkald!' befaler mig fremover sandru alene at tjene tvivlen og at så tvivl alle vide vegne.

Marthas relativt uproblematiske skift fra at være glødende socialist til from katolik i anledning af brylluppet med den katolske Grundmann lader hende stå hen som noget af en vejrhane – senere forstærker hendes forvandling til benhård kapitalist dette indtryk. Men Matulls bekendelse til tvivlen tilslutter hun sig på dette sted med en ny lykkelig afklaring, der beskrives uden ironi, og som i stil med Matulls tale udformes med henvisning til Fontanes præstefigurer:

Hvad, far? Det sagde han da smukt, vores præst. Det kunne alle dine pastorer, Niemeyer, pastor Petersen og biskop Schwarzkoppen, selv pastor Lorenzen, der jo var socialdemokrat, angiveligt, det kunne de ikke have klaret bedre og i princippet ikke have sagt smukkere.

I bryllupsscenen lægges således et klassisk multiperspektiv på genforeningsproblematikken, hvor de forskellige figurer positionerer sig ved, at de beskrives med større eller mindre distance. Tilnærmer figurer i romanen sig således Fontys pludrende citat-snakken, forsvinder den eventuelle ironi, de ellers beskrives med. At henvise til Fontane bliver til et sprogligt signal, som markerer, at tvivl og tvetydighed anerkendes som et diskursivt grundvilkår.

Genforeningen diskuteres her i en ren tysk-tysk sammenhæng med kompositionen af bryllupsselskabet, der får stemmer fra både det tidligere Vest og Øst. Den tvivlende position, som Matull, Fonty og i et rørt øjeblik også Martha for en stund bekender sig til, er dog ikke den eneste, som får autoritet i romanen. En udefra kommende stemme med stor kraft relativerer tvivlen. Stemmen kommer fra Fontys franske barnebarn Madeleine, hvis mor var frugten af en illegitim forbindelse med en fransk pige, som Fonty mødte under sin tid i Frankrig under 2. verdenskrig. Madeleine skriver sit speciale om Theodor Fontane, og som arkivet bemærker, "talte som en bog og var næsten lige så citatsikker som vor ven Fonty". Hun signalerer således med sit citatsprog, at hun har autoritet, og den lille "letbitre person", som Fonty kalder hende, formår også at installere et nyt perspektiv på genforeningen hinsides det tysk-tyske: "I et fransk perspektiv var enhed og nation kendsgerninger, der ikke var til at komme udenom. 'Og dermed basta!' råbte Madeleine" (s. 334-335). Fontys tvivlende position relativeres med Madeleines stærkt gennemtrængende stemme, tvivlen på genforeningen stilles også i tvivl, når perspektivet bliver europæisk frem for tysk.

Den biografiske spion

Den besungne tvivl på entydige udsagn om genforeningen i romanen får således sit udtryk med Fontys komplicerede kunstsprog. Fontys sprogakrobatik tjener endvidere også til at gøre billedet af den historiske Fontane både tvetydigt og komplekst. I romanen tydeliggøres modsætningsfyldte sider af Fontane, som forfatteren Grass selv har fremhævet som værende bevidst nedtonede i eftertiden:

Man gjorde ham til en konservativ, en Preußen-elsker og stak derved hans skuffede kærlighed til Preußen tilside, som i alderdommen regulært slog om i had. Eller man overbetonede den radikale gamle Fontane, som med længsel ventede på den fjerde stands sejr.[13]

Her er hensigten dog ikke at fortolke Grass' Fontane-fortolkning. På dette sted skal vi snarere se på, hvordan fremhævelsen af de sider hos Fontane, Grass har anset for nedtonede, generelt skriver sig ind i en tematik om "historiens bagsider".

Fonty, som i romanen er medium for fortolkningen af den historiske Fontane, ynder at give et bestemt billede af sin egen fortid, og på dette punkt minder han således om de Fontane-biografer, Grass hentyder til. Hans eget citatsprog som konstruktionsmiddel til at skabe dette billede tjener ham dog ikke altid trofast. Hoftaller, spionen ved hans side, optræder lige så citatsikker som Fonty selv. Dermed får han en relativerende funktion i forhold til figuren Fonty og dennes forsøg på at holde dele af sin fortid skjult. Digter Fonty eksempelvis videre på Fontanes værk til egen fordel, afslører spionen disse kreative indfald. Ved muren kort efter romanens start, deklamerer Fonty Fontanes digt *Indtog,* som Fontane forfattede for at prise den tyske sejr over Frankrig i 1871. Fonty omskriver den sabelraslende slutning af et vers, "Op ad Lindene march, afsted, Preussen-Tyskland gungrer med ...", til et mindre bastant rim, som bevidner, hvordan Fonty måske gerne havde set Preussen mindre militant: "kejseren forrest, med sol og med sang, med latter og gråd, hvor stærkt, hvor stort ..." Det er Hoftaller, der står for at korrekse Fonty for omdigtningen og for at citere i overstemmelse med digtets oprindelige ordlyd, så Fonty bliver mindet om det stivbenede, militær-forherligende rim, han helst ville have været foruden: "Jeg ved det, jeg ved det! Det var rent lønarbejde, for resten dårligt betalt ..." (s. 17).

Fontys spil med citater fremstilles dermed som et ikke helt ufarligt spil, som kan sætte billedet af Fontane i uønskede svingninger. Billedet af "den velvillige filosemit" Fontane, som Fonty gerne plejer, formår Hoftaller også at relativere kraftigt. Den citatsikre spion kan modstille brevpassager i Fontanes breve, hvor Fontane på den ene side "honningsødt bedyrede: 'Jeg har fra barnsben været en ven af jøderne og har personligt kun haft gode erfaringer med jøder ...'". På den anden side kunne han formulere antisemitiske udsagn som: "'... Ikke desto mindre har jeg en så stærk følelse af deres skyld, deres grænseløse overmod, at jeg ikke alene under jøderne et alvorligt nederlag, men også ønsker det for dem ...'" (s. 46). Således fortolkes Fontane som en mere tvetydig figur end den, der er fremherskende i nogle af biografierne om Fontane som – i Hoftallers formulering – "hårdkogt jødeven". Hoftallers funktion som spion overflødiggøres således ikke med DDR-statens sammenbrud, da hans modkonstruktioner til Fontys Fontane-billede er uafhængige af det aktuelle system.

At undvige det centrale i anekdotisk-pludrende stil og at spille på tvetydigheder, som Fonty kan med sit kunstsprog, tegner sig således som romanens bud på et sprog, som får det, som er gemt og glemt i historien, hvirvlet op til brug for en nutidig beskæftigelse med fortiden. Den konstruktivitet, som er karakteristisk for den narrative og sproglige aktualisering af fortiden, åbner således ikke for uanede muligheder for at koncipere fortiden efter forgodtbefindende, som Fonty sine steder lægger op til. For som Fonty selv siger efter Hoftallers boren i Fontanes antisemitiske sider, så er han bange for "at denne skændsel vil blive stående ..." (s. 46). Fortidens skændsel kan ikke skjules og lever i den grad videre i Fontys univers, som når han taler med sin ven, jøden Freundlich, og beklemt skriver i et brev til datteren, at " Freundlich ved det, men taler ikke om det; og jeg lever med det; skamskjult" (s. 260). Sprogspillene gør den historiske verden bevægelig og foranderlig, når det historiske stof via Fontys og Hoftallers citatsprog hvirvles op. I denne bevægelse gøres allehånde hændelser samtidige, og spillene holder stoffet svævende, parat til at kunne bruges i nye fortolkninger af Fontane og af den tyske fortid og nutid.

Ses det føromtalte paternostermotiv i lyset af denne åbning af historiske horisonter, kan elevatoren fortolkes som et sted, hvor denne præsensgørelse, som ellers finder sted i Fontys sprog og stil på fortælleteknisk vis, kommer billedligt til udtryk. Fontys ahistoriske sammenligninger – når han f.eks. forestiller sig, at statsledere fra krigens tid til nu, fra "rigsmarskallen [Göring] til Treuhandchefen" (s. 412-413), er til stede på én gang i kabinen – bidrager eksempelvis til at gøre fortiden nærværende. For læseren fungerer paternosteren derfor som en slags fakta-boks, et erindringsrum, hvor allehånde historiske personer gøres nærværende. DDRs fortid er også præsent i form af de mapper med en stor mængde viden om staten, som bringes ud og ind af kabinen.

Lige så meget som paternosteren derfor udtrykker Fontys syn på historien som en evig gentagelse af det samme, lige så kraftfuldt fungerer den som et nødvendigt rum for historisk erindring. Denne ophævelse af tid, der sker, når alt gøres nærværende, skaber den tidsdimension, som Grass selv betegner som "fornufremtid",[14] en sammentrækning af fortid, nutid og fremtid (tysk: "Vergegenkunft" af "Vergangenheit", "Gegenwart" og "Zukunft"). Sammen med Fontys sprog, som gør gamle kontekster aktuelle igen, bidrager paternosteren således til romanens fremvisning af historien i "fornufremtid". Installationen af denne tidsdimension bliver således et vægtigt virkemiddel til at skabe og forstærke billedet af manglen på forklarligt forløb i historien eller til at bevare dette forløb "i sin absurditet"; i og med at alle begivenheder illuderes at være samtidige, kan historiens "forløb" ikke tilskrives bestemmende lovmæssigheder som i f.eks. forestillingen om århundredet som en udviklingshistorie, en nedgangshistorie etc.

Den kunstfærdige samtidskritik

At Fontys strategi for historisk fortælling ikke er ufarlig, fremhæves med de prekære situationer, Fonty havner i sammen med Hoftaller. At Fonty ikke kan tænkes uden den farlige Hoftaller og at litteraturen og fiktionen heller ikke kan udskille denne farlighed, viser romanen selvrefleksivt hen til, når det i beskrivelserne af Hoftaller og Fonty hedder, at "[i]ntet litterært fif kunne skille dem ad" (s. 78). Romanens univers bliver stedet, hvor virkelighedens (bevidst) skjulte dimensioner uundgåeligt trænger sig frem gennem sprogets flertydighed.

En længere historie fortolker således romanen i tråd med Milan Kunderas romanopfattelse som genren, hvor "erobringen af tilværelsen" kan finde sted, og hvor "en ny flis af eksistensen" kan anskueliggøres. Kundera modstiller romanens "flertydige og relative verden" og det totalitære univers: "Den totalitære Sandhed udelukker relativitet, tvivl og spørgsmål, og kan derfor aldrig forene sig med det, jeg vil kalde romanens ånd."[15] Forfatteren Grass ligger i sin egen fortolkning af *En længere historie* tæt på Kundera, når han forstår sin roman som en modstemme til det øvrige tyske samfund i 90'erne: Han

kommer tæt på at opfatte den foreskrevne genforeningssucces som et totali-
tært virkelighedspostulat og sin egen roman som relativeringen af dette
postulat: "Den [*En længere historie*] er den påtrængende nødvendige litterære
korrektur og modstemning til det, som allerede nu fastlægges som historie fra
officiel side."[16]

Romanteoretisk set fører *En længere historie* genren videre i den retning,
Michail Bachtin angiver for romanens udvikling. Romanen udvikler sig iføl-
ge Bachtin, når romanens konstitutive, sproglige flertydighed uddybes, når
romanen sætter fornyede spørgsmålstegn ved det bestående og ved de faste
sandheder med sit flertydige sprog.[17] I *En længere historie* sker dette med isce-
nesættelsen af romanuniverset som tvivlens sted ved hjælp af Fontys sprog,
som endog er demonstrativt mangetydigt med sine mange citater.

Flertydigheden har således en kritisk funktion i *En længere historie*, men
uddybningen af flertydigheden bedrives på et særdeles kunstfærdigt plan,
hvor glæden ved at konstruere, kunsten at citere og iscenesættelsen af fortæl-
lingen udgør en vigtig impuls i romanen ved siden af romanens kritiske fore-
havende. Således er agenten for udforskningen af det flertydige, Fonty, sam-
men med Hoftaller i den grad kunstfigurer frem for substantielle, autentiske
subjekter. Læseren lærer Fonty at kende gennem det fortællende arkivs gen-
nemgang af forskellige kunstneriske fremstillinger af Fontane, en tegning, en
litografi og en tekst af Thomas Mann. Alle disse afbildninger af Fontane lader
Fonty opstå som en sammensætning af kunstprodukter, som en efterligning
af efterligninger af Fontane (s. 35ff.).[18] Ligeledes er Hoftaller konstrueret efter
litterært forlæg, nemlig efter figuren Tallhover i Hans Joachim Schädlichs
roman af samme navn fra 1986. Imidlertid er Hoftaller en endnu mere
uhåndgribelig skikkelse end Fonty, for

hans udseende dokumenteres ikke af noget fotografi, endsige da af en portrættegning. Og
da Tallhovers biograf [Schädlich] ikke har givet os noget i hænde, som man kunne citere, ja
ikke engang leveret et fantombillede, kan vi kun håbe på, at Fontys helhedsfremtræden
også trækker hans dag- og natskygge med ind i billedet ... (s. 37)

Således postuleres der i romanen ingen illusion om, at Fonty og Hoftaller som figurer så meget som *kunne* være virkelige; de er ikke sandsynlige figurer, som kunne træde i stedet for enhver tysker og opleve genforeningen og den tyske historie eksemplarisk – igen er vi langt fra Georg Lukács' typiske historiske helt. Imidlertid opererer forfatteren Grass hinsides den skelnen mellem autenticitet og kunstighed, som antydes med begrebet kunstfigur. For Grass har netop bevidst konstruerede abnorme figurer som pikaroen og skælmen, som allenfals Fonty deler træk med, evnen til at indtage de særlige positioner, hvorfra historiens bagside kan erfares.[19] Fiktionen tillægges i *En længere historie* dermed en opgradering som ramme for historiefortælling, da det er med imaginationens kraft, der kan trænges ind bag velkendte narrative konstruktioner af det historiske, som i denne proces nedbrydes, ombygges og viderefortælles.

Den alternative historiefortælling

Det at give hændelser en sammenhængende forklaring problematiseres i høj grad med Fontys fortællestrategi, og erindringen opgraderes som ramme for historisk forståelse. En afstikker til *Mit århundrede* kan her belyse den fortællestrategi yderligere, hvor der spores et opgør med at ville forme et historisk forløb som en sammenhængende fortælling, med at fortælle århundredet som en sammenhængende, fremadskridende beretning – og dermed problematiseres selvfølgelig også selve samlebetegnelsen "århundrede" for et spand af 100 år.

De 100 fortællinger i *Mit århundrede*, en til hvert år i århundredet, fortælles af næsten altid nye fortællere. Nogle beretter hen over flere år, som f.eks. den unge forsker i kapitlerne 1914-1918, der fortæller om et af hende arrangeret møde mellem Ernst Jünger og Eric Maria Remarque. De to forfattere mødes med den unge kvinde i 60'erne og diskuterer bl.a. 1. verdenskrig. Grass selv tager ordet som forfatteren Grass i 14 af fortællingerne, hvor han beretter om historiske begivenheder i udvalgte år set gennem hans egen biografi.

Alt i alt optræder der 77 forskellige fortællere, 77 stemmer, som ud fra deres begrænsede subjektive perspektiv indfører læseren i begivenhedernes gang. Med denne multiperspektivitet unddrager bogen sig at lægge sig fast på én synsvinkel. Den sender dermed et signal om at ville fremstille så mange lag af den historiske virkelighed som muligt, hvad fiktionen, som blæser liv i de mange fortællende figurer, hjælper til med. En impuls til at beskrive historiens bagside, til ikke "at stille de store begivenheder i forgrunden, men at ville fortælle historien fra dem, det går ud over, ofrenes og gerningsmændenes perspektiv",[20] træder frem.

Et signal om at ville fremskrive historiens mangfoldighed sendes også med den overordnede struktur af *Mit århundrede*. Historierne står ikke umiddelbart i forbindelse med hinanden, men står side om side i deres egen narrative afrundethed. På dette punkt opviser århundredebogen i lighed med Fontys omgang med det historiske en narrativ parallel til krøniken. Ligesom Fontys pamflet om Ministeriernes Hus vanskeligt lader en forestilling om et bestemt forløb i historien skinne frem, efterlader århundredebogens overordnede struktur, hvor der ikke er nogen sammenhæng mellem de enkelte fortællefragmenter, et pust af uorden i historien. Værket minder mere om en slags kilde-samling, en samling af mundtlige beretninger – erindringsaspektet tillægges ligesom i *En længere historie* stor værdi, her med de 77 individuelle fortællere.

Titlen *Mit århundrede* er set i lyset af bogens multiperspektivitet og dens fragmenterede struktur mangetydig og underfundig. Den spiller på en forventning om den store historie om århundredet, som den biografiske, offentlige person Grass ser det. Denne forventning underløbes dog med den fiktionelle konstruktion af de mange øjenvidner, som giver deres versioner af det hændte, samt med den fragmenterede struktur, der modsiger forestillingen om en "stor historie", for dette "mit" kan ligeledes tilskrives enhver lille mand eller kvinde, som fortæller i bogen på lige fod med den Günter Grass, som optræder ved deres side. Skal tilhørsforholdet i "mit" tillægges Grass, er det snarere *forfatteren* Grass som en understregning af, at århundredets historie for *ham* netop kun kan ses i en fortællekonstruktion af denne opbrudte karakter.

Den krønikeagtige fortællestruktur gør således kategorier som kronologi og lineær tid, som bringer orden og sammenhæng i den historiske fremstilling, usikre. Ganske vist fortælles der netop kronologisk fra år 1900 til 1999. Men kronologien skaber ikke en sammenhæng i sig selv mellem fortællingerne på grund af de enkelte fortællingers selvstændighed og afrundethed. Årstallet i starten af en fortælling er kun øjensynligt en begrænsning for fortællingens fortalte tid, da de fortalte begivenheder ikke udelukkende henhører til det år, fortællingen angiveligt er en beretning om. I kapitlet om 1910 fortæller den fyldige fabrikspige Bertha om sit arbejde på den kanonfabrik, som producerede kanonerne med netop hendes navn til brug i 1. verdenskrig. Det er i 1910, at hendes kolleger opkalder kanonen efter hende, "fordi jeg nu var den tykkeste her hos os".[21] Men Berthas fortællende tilbageblik på 1910 udløser også andre erindringer hos hende, såsom hvordan kanonerne kom til kort i krigen, og hvorledes hun og hendes mand efter krigen sidder i små kår. Hendes fortælling dækker et tidsspand på over mindst 8 år, fra 1910 til engang efter afslutningen på krigen i 1918.

På samme vis breder de fleste fortællere, der ligesom Bertha fortæller i tilbageblik, sig over tidsrum, der ofte strækker sig over årrækker eller hele århundredet, som det er tilfældet for Grass' mor. I 1999 genoplives Helene Grass fiktivt (den biografiske Helene Grass blev født i 1898 og døde i 1954), som i tilbageblik kan strække sig ned til starten af århundredet og fortælle, "hvordan det var før i tiden og endnu tidligere". Med fiktionens hjælp konstrueres hendes erindring også fra årene *efter* 1954, "fordi han absolut vil indhente alt det, som jeg, hans stakkels mor, gik glip af", og altså frem til 1999, hvor sønnen, "den lømmel", som hun kalder ham, i det fiktive univers har installeret hende på et rart plejehjem.

Den fortalte tid i den enkelte fortælling overlapper således også den tid, de andre fortællinger beretter om. Det enkelte årstal i kapiteloverskrifterne er dermed kun indledningsvist tegn for de fortalte begivenheders tid, da hver overskrift også kan være tegn for andre begivenheder, fortalt i andre kapitler under andre årstalsangivelser. Århundredets historiske indhold sættes ikke fremadskridende på en horisontal linie fra år 1900 til 1999, selvom sekvenseringen af stoffet i det ydre synes at følge en fremadskridende bevægelse. Kronologien fungerer set i dette perspektiv kun angiveligt som ordensprincip for århundredets historie.

Den ubestemmelighed i det historiske forløb, som opstår med den fortalte tids overskridelse af de enkelte årstals kalendertid, forstærkes af, at der i 1906 indføres en litterær figur som fortæller. I 1906 spinder en kaptajn Sirius fra Sir Arthur Conan Doyles fortælling *Danger!* videre på sin historie, og sammen med Grass' mor, som overskrider den lineære tid ved at genopstå i 1999, løser Sirius det fortalte fra en kronologisk fastlæggelse i historisk forstand. Med kollapset af kronologien er det ikke altid muligt at fastlægge hændelser i forhold til hinanden, og fordi de afrundede fortællinger er uden intern sammenhæng, er der ingen pointe i at bestemme deres indbyrdes betydning for hinanden. Igen, som i *En længere historie*, installeres tidsdimensionen "fornufremtid".

I den illustrerede udgave af *Mit århundrede*[22] optræder med mellemrum en akvarel med et motiv, som anskueliggør denne spillen med århundredets kronologi, der opstår med fortælleteknikken og figurkonceptionen. Motivet, der optræder otte gange gennem bogen, har ikke nogen tilhørende fortælling som de øvrige 100 akvareller, og de otte motiver dukker op med forskellige intervaller, nærmere bestemt efter kapitlerne om 1918, 1932, 1945, 1961, 1968, 1977, 1990 og 1999.

Afbildet på disse motiver er en bunke årstal, der vokser i takt med, at man bladrer sig op gennem århundredet. Karakteristisk er tilfældigheden i kompositionen. Årstallene ligger hulter til bulter mellem hinanden og ligner med deres strittende talarme- og ben mest af alt en skrotbunke. Øverst i motiverne er det årstal på det kapitel, akvarellen er indsat efter, altid tydeligt, og i hoben af tal kan andre tal nu og da genkendes. Disse årstalmotiver fungerer billedligt som en slags knips, der viser århundredet i "fornufremtid" – meget hurtigere end når den litterære teknik på sin egen, mere langsommelige måde end den billedlige fremstilling nedbryder linearitet og kronologi.

Når videnskaben fortæller

Og så til en helt modsat fortællestrategi: Med romanen *En længere historie* har Grass valgt en fortælleinstans, som på mange måder konstruerer fortælling på linie med historikere. Et Fontane-arkiv i Potsdam beretter om Fonty og forsøger gennem ham at opnå nye indsigter til en rekonstruktion af Fontanes liv. Konceptionen af disse fortællende arkivarer og deres fortællemåde placeres i tydelig opposition til Fontys fortællestrategi, hvormed det ekspliciteres, hvilke former for historiefortælling, Fonty er oppe imod og underløber med sin autoritative historiefortællingsstrategi. Fontane-arkivets interesse i Fonty er som antydet af professionel art. Fonty indtager en slags kildestatus for dem – han hævder jo at være den historiske Fontane – og i "tvivlstilfælde var Fonty det bedste arkiv, nemlig det uden huller" (s. 150). Som de videnskabsfolk, arkivarerne er, omgås de Fonty ligeså filologisk-videnskabeligt som andre arkivalier, og kildekritiske overvejelser udmales løbende, som når de inddrager Fontys kone Emmi og Martha som en slags ekstrakilder til Fonty:

Vi fra arkivet er vant til at kontrollere det allerede gennemsete en gang til, at drage fastslåede vurderinger i tvivl og at lede alt kildevand hen over vor papirmølle, uanset om det sprudler eller efter et kort skvæt bliver til en beskeden piblen. I embeds medfør er vi nysgerrige. Øjenvidner vil høres, og personer med direkte andel i det stedfundne må, hvor subjektivt problematisk deres vurdering end falder ud, udspørges, også familiemedlemmer, som foretrækker at tage deres tilflugt til fornærmet tavshed. (s. 129)

Den karakteristik, Walter Benjamin i 1936 gav af den moderne romanfortæller,[23] erfarer her en interessant potensering. Den moderne fortæller må ifølge Benjamin nødvendigvis begrunde og forklare alt det fortalte, fordi hans erfaring af verden ikke mere er kollektiv og eksemplarisk som fortællerens erfaring i det førmoderne fortællefællesskab. Under den moderne, lineære tids fortegn kan meningen med det levede liv først beskrives ved et menneskes død, og den moderne fortæller må følge et liv over tid, tyde det og selv insistere på sandheden af det fortalte, hvor den førmoderne illustrerede allerede fastlagte sandheder i Biblens hellige historier i sine fortællinger om det verdslige. I *En længere historie* sættes det moderne – og i Benjamins fortolkning – kriseprægede behov for en sandhedsindstiftende, stærk fortæller på spidsen, idet der indsættes en videnskabelig instans, der *per definitionem* garanterer objektivitet og pålidelighed.

Med arkivets fortælling spilles der i høj grad på det moderne behov for en stærkt ordnende fortælleinstans, når arkivet bruger autoritetshøjnende indledninger som "vi ved" og "vi er sikre på" for at skabe orden og pålidelighed i i deres fortælling. Formodninger om Fontane, som de slutter sig til ud fra Fonty, belægges dygtigt med argumenter og henvisninger til støttende kildemateriale. Så vidt muligt forsøger de også at optræde som øjenvidner til Fontys færden og ligger ofte gemt i buske og klitter for at få alt med. Desuden kerer de sig om, hvordan Fontys gøren og laden fortælles mest korrekt. De følger Fontys liv som en historie, der kan udvikle sig, og derfor bliver fortællingens forløb vigtigt; den skal afspejle udviklingen i Fontys historie bedst muligt, og den bør således konciperes som en lineær, fremadskridende beretning. Overvejer arkivarerne at ændre på rækkefølgen af det hændte, kan det sågar komme til interne stridigheder om den mest passende udgave, som da de ved beretningen om Fontys datter Marthas bryllup "skændtes lidt om, hvorvidt det tilkom arkivet ret til at se stort på brylluppets kronologiske forløb …" (s. 207). Romanens indledende ord "Vi fra arkivet kaldte ham Fonty …" vidner desuden om, hvorledes arkivet også tilstræber at gengive deres beretning enstemmigt som den samlede videnskabelige instans, de tilsammen udgør, og dette "vi fra arkivet" bliver romanen igennem formlen for denne enstemmighed.

Med valget af Fontane-arkivet som fortælleinstans i romanen er der skabt en allegori over den videnskabelige beskrivelse af verden i almindelighed og over den historiske videnskabelighed i særdeleshed. Arkivarerne arbejder ligesom historikere med rekonstruktionen af det fortidige, når de forsøger at trænge ind til den historiske Fontane gennem Fonty. Med deres empiriske fremgangsmåde fremstilles det stof, de formidler videre til læseren om Fonty/ Fontane, som noget de *finder*, og omdrejningspunktet i deres forehavende er at få den fundne viden formidlet klarest muligt og i en forståelig orden.

Imidlertid rives læseren ud af den uskyldige tro på fortidens uproblematiske gengivelse. Arkivets fortælleform underkastes en gennem romanen stadig tydeligere ironi, idet mange af arkivets metoder afsløres som stilistiske og narrative krumspring, der ikke er garantier for en mere sand indsigt i Fontane, dvs. i fortiden som sådan. Romanen berører her den historievidenskabelige diskurs om den betydning af sprog og narrativitet i rekonstruktionen af fortiden, som (med visse forsinkelser)[24] har optaget disciplinen, siden den amerikanske historiker Hayden Whites hovedværk *Metahistory* udkom i 1972. Med en formalistisk-retorisk analyse af historieskrivningen påviste White, hvordan den historiske teksts argumenter, historiske forklaringer og historiesyn alt sammen er produkter af de stilistiske valg, historikeren foretager og ikke af faktas beskaffenhed eller fortidens virkelighed som sådan. Nærmere betegnet er den trope (metafor, metonymi, synekdote eller ironi), som enten alene eller i kombination med andre kan påvises at være tekstens underste strukturelement, afgørende for tekstens udformning i narrative mønstre som det tragiske, det komiske etc.[25] Sprogets billedlighed og ikke videnskabelige metoder i sig selv afstikker typen af historisk forklaring,

Med denne analyse satte White historieskrivningens konstruktive element i centrum. Han understregede, hvordan den historiske virkeligheds sammenhænge og forløb ikke ligger forud for historikerens fortælling, men altid konstrueres i den sproglige og narrative iscenesættelse af fortiden. Historikeren *finder* set fra dette synspunkt ikke den historiske virkelighed i færdig, beskrivelig form, han *opfinder* den i den forstand, at den først kan kendes på forståelig vis med hjælp fra imaginationen via fortællingen, som stifter forbindelse mellem hændelserne, og som forklarer, hvorfor tingene skete, som de nu engang gjorde.

Arkivarernes fortælling kan på denne baggrund betegnes som en type, der betjener sig af greb, som skjuler dens narrativitet og sproglige konstruktion af historien om Fonty. Med kildekritik, fodnoteflid og andre finesser illuderes, at de fortæller en historie, som gengiver Fontys liv, som det er. De sigter dermed efter en realisme i bred forstand, efter en fortælling, der ikke hævder sig som en konstruktion, men som en spejling af virkeligheden.

Men de greb, de gør brug af for at højne fortællingens autoritet, blotlægges i løbet af romanen som en slags effekter, der signalerer realisme, men som netop kun er effekter. Eksempelvis afsløres arkivets proklamerede øjenvidneposition (et tiltag, der højner videnskabeligheden: Man er tæt på begivenhederne) som en sådan realitetseffekt. Arkivarerne indskyder med mellemrum oftere, hvordan de kun var "konjunktivisk til stede" eller "i princippet med". De registrerer og beskriver dermed ikke virkeligheden, som de egentlig har tilsigtet, men *opfinder* det fortalte i den forstand, at de forestiller sig, hvad der kunne være foregået. Dette tydeliggøres yderligere i næsten absurde situationer, som når de ligger på lur for at høre indholdet af en samtale, Hoftaller og Fonty fører på en strand på Rügen. Imidlertid kan de faktisk ikke høre noget og kan kun se "tomme talebobler, som stod åbne for os" (s. 273). Deres intenderede "gengivelse" af Fontys historie muterer til hypotetiske konstruktioner, og illusionen om den uproblematiske repræsentation af virkeligheden brister.

Det faste perspektiv, som arkivarerne ønsker at lægge på Fontys/Fontanes historie ved at optræde som "vi fra arkivet", splittes desuden, som romanen skrider frem. Arkivet opløses i en mængde jeg-fortællere, og til tider opstår der tvivl om, hvorvidt arkivarerne rent faktisk har overblik over, hvem der fortæller hvad. En jeg-fortæller beretter i midten af romanen pludselig om sin betagelse af en præst som barn og fortaber sig i sin egen biografi: "Præsten hed Konrad. Efternavnet har jeg glemt. Han havde sorte krøller og lugtede af barbersprit. Indtil konfirmationen hang jeg ved ham ..." (s. 218).

Den private karakter af denne historie sår mistanke om, at de andre arkivarer ikke har kendskab til den. Arkivet som samlet instans, det påviselige ophav af det fortalte, fortaber sig med sådanne fortælletekniske perspektivskift. Det fortalte stammer fra et antal ukendte enkeltpersoner uden navn. Grass forstærker denne tilsløring af fortællingens udspring ved at fiktionalisere sig selv ind i romanen. Pludselig dukker han op med sin kone i en park i Fontanes fødeby Neuruppin, et "allerede ældre par, han mærktbart mere alderstegen end hun, nærmede sig monumentet. Hun tynd, høj og gotisk i ynde, han tyreagtig kompakt" (s. 430). Med velkendte attributter som overskæg, pibe og baskerhue beser Grass et monument i parken, hvor Fonty og Hoftaller også befinder sig på det tidspunkt, men "parret ville hverken bemærke dagognatskyggen på monumentets forterræn eller objektet, som sad ophøjet som doppeltgænger. De var begge to luft for det" (s. 431). Tydeligvis er den fiktive Grass her ved at researche til en roman om Fontane, og i det øjeblik eksisterer der både romanen *En længere historie*, som læseren sidder med, og måske en lignende roman, som Grass fiktivt er i gang med eller har intentioner om at skrive, for han og hans kone Ute lever, som arkivet siger, "en helt anden roman".

Dette spil med fortællingens ophav, med fortællerinstansen på den ene side og forfatterinstansen på den anden, peger på den fiktionale karakter af *En længere historie*: Her skrives under fiktionens fortegn, fantasi og imagination viser os, hvordan fortællingen, som arkivarerne opfatter som en virkelighedsgengivelse fra et fast perspektiv, er en kompliceret *konstruktion* fra utallige perspektiver. Ved sammenligning med Fontys fortællestrategi og fortællerkonstruktionen i *Mit Århundrede* ses, hvorledes disse fortælletiltag har gjort sig fri af behovet for den kontrol, det fortællende arkiv udøver over deres stof, Fontys historie. Fonty ønsker netop ikke at ordne og tyde som en moderne fortæller i Benjaminsk forstand, og de 77 stemmer i *Mit århundrede* kan kun kontrollere deres eget lokale perspektiv på århundredets historie, hverken sammenfatte eller tyde den som helhed. Med ironiseringen over arkivets fortælleform sker der en udgrænsning af den moderne fortællertype.

Hvordan skulle det også være muligt at etablere en moderne, lineær fortælling om Fonty? Som det sås, umuliggør Fonty netop med sit sprog og stil en sammenhængende, entydig udlægning af det historiske. Hvad Fonty siger, kan ikke indfanges med den stabile, fremadskridende fortælling, som arkivet tilstræber. Arkivarerne læser ham som kilde med en læsestrategi lig den, som den amerikanske historiker Dominick LaCapra i forbindelse med historikernes kildelæsning har kaldt "synoptisk læsning". Denne læsestrategi er en ud af fem mulige i LaCapras typologi over læsestrategier, og den synoptiske læsnings typiske mål er at udvinde pålidelig information, at finde en (eventuelt) skjult betydning i en tekst og på det grundlag opstille en dækkende tese om en periode, et fænomen eller som i arkivets tilfælde en historisk person. Der fokuseres udelukkende på tekstens indholdsside og ikke på dens formside og på, hvorfor teksten er konciperet, som den er, hvilket andre mere diskursivt bevidste strategier formår.[26] Komplikationen med Fonty er netop den, at han er svær at læse synoptisk, fordi han ikke ordner de "rå" fakta til et entydigt, sammenhængende billede af Fontane, af tysk fortid eller af genforeningen. Tillige demonstrerer hans altid henvisende citatsnakken, hvor vanskeligt det er at etablere stabile forståelseskontekster for det sagte. Set i et metahistorisk perspektiv problematiserer romanen med Fonty-figuren, at kilder til fortiden er vanskelige størrelser og ikke umiddelbart aflæselige størrelser.

Til læserens fornøjelse ender det også med, at arkivet begynder at tilnærme sig Fontys citerende talestil i visse passager, som når de efter et af Fontys nervesammenbrud gerne ville have været behjælpelige, "om det så skulle have været med relevante citater; men nyheden om Fontys nervekrise nåede os med forsinkelse" (s. 142). Og når de siger: "Kortene skal blandes igen eller sagt ligeud: Vi kan lide at forsinke Tysklands enhed en smule" (s. 333), morer det dem efterhånden at spille med deres magt som fortællere. Modsætningen til deres intention om at fortælle "korrekt", lade stoffet styre dem og dermed beskrive det "fundne", træder her tydeligt frem, hvor de afslører det konstruktive i deres rolle som fortællere. De oplever tilnærmelsesvis en glæde ved at fortælle, fabulere og bruge deres forestillingskraft, som fjerner dem fra deres oprindeligt sandhedssøgende position.

Fortællerne er med DDR-statens sammenbrud faldet ud af et samfundssystem, som har givet retningslinier for, hvilke fakta, der var vigtige, og hvilken fortolkning, de har skullet underkastes. Kastet ind i et nyt, komplekst univers viser de sig orienteringsløse, når de skal arbejde med arkivalierne, hvad der viser sig i deres alvorligt mente indlemmelse af Fonty som kilde til Fontane samt af Fontys snakkende familie:

Emmi kunne ikke holde op igen; og for os var det af interesse. Til at begynde med samlede vi mest for sjov og af gammel vane, senere velovervejet. På arbejder- og bondemagtens tid havde arkivvæsenet givet os et vist holdepunkt, men nu, da staten er faldet bort, forekom dets bestand os mere tvivlsom. Mere og mere rutschede vi ind i Fontys historie. Han var mere levende for os end hans original, som lå presset ned i kartoteksskuffer. (s. 326)

Da Fonty i romanen til sidst forsvinder, går deres forskning, som er baseret på kartoteksskuffer, stort set i stå, for alle "papirer var som døde. Ingen tanke ville sætte liv. Kun fodnoter var tilbage og ørken uden liv" (s. 570). Uden Fonty er fortællerne forment adgang til fortiden baseret på erindring, og deres problemer med at rekonstruere fortiden spindes således ind i romanens værdisættelse af erindringen som uundværligt element i samtiden.

Historiekritikkens konstruktion

En længere historie og *Mit århundrede* folder i den fiktionelle konstruktion af fortiden i "fornufremtid" begge historien ud i ubestemmelig uordentlighed. "Historiens bagside" kommer i *En længere historie* til udtryk med demonstrativt dobbelttydigt sprogspil som Fontys, hvor den imidlertid i *Mit århundrede* primært fremskrives gennem multiperspektivet på historien. Lad os til slut kigge lidt nærmere på denne uorden i baglokalerne for at få et indtryk af historiekritikkens karakter i begge værker.

Først til multiperspektivets effekt i *Mit århundrede*. Typisk gives den lille mand eller kvinde ordet i *Mit århundrede*, som når en menig soldat beretter om sine oplevelser i Kina under Bokseropstanden i 1900, som Tyskland deltog i, når en arbejdersøn ser tilbage på sin socialistisk prægede opvækst i 1908, eller når Elfriede Eilsen fra DDR skriver til Volkswagenfabrikkerne i vest i 1951 for at få den folkevogn, hun og hendes mand som tidligere medarbejdere har sparet op til. Den føromtalte multiperspektivitet i *Mit århundrede* installerer således et bredere blik på historien og signalerer en loyalitet mod historien i al dens mangfoldighed med valget af alle de personlige øjenvidner som fortællere, ofre såvel som gerningsmænd. For også en type som en adjudant, der har besvær med at få slået digteren Erich Mühsam ihjel i en KZ-lejr i 1934, kommer til orde. Ligeledes ses privatiseringen af produktionsapparatet i det tidligere DDR gennem Birgit Breuls øjne; den kvindelige leder af Treuhand fortæller i 1994 om det set fra hendes perspektiv "uforlignelige værk", som hun fuldendte ved at jævne "resterne af den kommunistiske planøkonomi med jorden".

I iscenesættelsen af, at historien ses fra ellers oversete perspektiver, bidrager gerningsmændenes historie dog ikke kun til at signalere historisk mangfoldighed, men også til at værdisætte menneskelig handlen. Gerningsmændenes perspektiver på historien inddrages demokratisk, men de forlenes med stemmer, der kommer til orde med distance og endda nogle gange i dialog med modstemmer, som når Birgit Breul fiktivt diskuterer med Treuhand-kritikeren Grass:

Indrømmet: der var arbejdsløse, det er der stadig væk. Den herre, som skriver mig ned, vil hænge mig op på hundrede tusind. Og hvad så, siger jeg til mig selv. De har jo stadig væk den sociale hængekøje.

Stemmerne i *Mit århundrede* taler således "frit", idet både sympatiske og mindre sympatiske personer får plads. Men den "frie tale" i *Mit århundrede* reguleres med ironi og distance; historien kommer ikke uformidlet frem i sin mangfoldighed, når der lægges afstand til Breul, når den menneskelige handlen værdisættes i selve den enkelte fortælling.

Dette forhold peger på et interessant aspekt af Grass' historiekritik. Når fortiden fremskrives i dens uordentlighed, bestemmes den historiske virkelighed på ét plan nødvendigvis som en størrelse, der ikke får mening eller sammenhæng, før denne mening eller sammenhæng konstrueres i sproglige og narrative processer. Men denne fremskrivning af den uordentlige historie udgør i sig selv en narrativisering; *En længere historie* og *Mit århundrede* kan som de sproglige og narrative konstruktioner, de er, nødvendigvis ikke andet end konstruere et billede af historiens uordnede mangfoldighed. For netop *tilgangen* til den uordnende fortidige virkelighed er sat til diskussion med f.eks. alle tekstualiseringerne af Theodor Fontane, som kun kan kendes gennem hans egne tekster, andre tekster og Fontys narrativiseringer af hans liv, som konstruerer bestemte billeder af Fontane.

Fortiden demonstreres således vanskelig tilgængelig, men Grass opererer på paradoksal vis med at skabe den illusion, at den kan fremtræde i al sin uorden med Fontys opremsninger af fakta og den opbrudte århundrede-historie, hvor usædvanlige perspektiver, der fortælles fra, kan frembringe endnu ikke optegnede dele af fortiden.

Det krønikeagtige ved Grass' historiske fortællen forstærker indtrykket af, at der her registreres skjulte dele af historien. Ligheden med krønikegenren giver både århundredebogen og Fontys snakkeri et lidt gammeldags præg, som var det tekster fra fortiden. Der illuderes dermed en form for "ægthed" og oprindelighed over teksterne, som var det første gang, hændelserne optegnedes.[27] Således *konstrueres* billedet af fortiden i al dens mangfoldighed, men den konstruktion tjener imidlertid til at få historiekritikken sat i bevægelse i værkerne, og om noget gør både *Mit århundrede* og *En længere historie* selv opmærksom på, at alle billeder af fortiden konstrueres.

Samlet set bevæger Grass sig med sin historiekritik på det plan, hvor hans skepsis rettes mod andre narrativiseringer af den historiske virkelighed, som udelukker bestemte dele af den. "Afdækningen" af de dele af historien, som den "officielle" historieskrivning udgrænser med bestemte narrative mønstre, sættes i værk med fiktionens konstruktioner af "modhistorier", hvad Grass også selv opfatter dem som.[28] Og en af modhistorierne er af metahistorisk art og handler om at konstruere det uordnede billede af fortiden for at vise dens disciplinering gennem andre typer historiefortælling end Grass' egen.

Når Grass på denne vis reflekterer implikationerne ved at fortælle historie, nærmer hans historiekritik sig ikke den skeptiske position, som indsigten i og problematiseringen af historieskrivningens konstruktive elementer kan føre til, nemlig at fortidens eksistens i sig selv kan anfægtes som et resultat af den konstruktivistiske tankegang. Fonty kan netop ikke omdigte sin fortid for at fortrænge belastende sider af Fontanes person. En del kritikere har påpeget denne (farlige) mulighed for at konstruere fortiden frit som konsekvens af f.eks. Hayden Whites teser. White har selv forsøgt at imødegå denne kritik, bla. med argumentet, at visse narrative fremstillinger (han nævner Holocaust som komedie) ikke er mulige.[29]

Spørgsmålet om den historiske virkeligheds eksistens slås ikke an med de metahistoriske strenge i *En længere historie* og *Mit århundrede*, idet det snarere er fiktionens evne til at fremmane de skjulte historiske sider med mangetydigt sprog og opfundne figurers blikke, som yder modstand mod den "officielle historie", der står i centrum. Fiktionen kan med sine virkemidler skabe den bedre fortælling, udforske fortidens afkroge og de herskende narrativiseringer af det historiske. Processen med at nedbryde og omskrive er så endeløs som den mangfoldighed af fortiden, der iscenesættes i både *En længere historie* og *Mit århundrede* – for figuren Fonty som forfatteren Grass gælder det, at "For ham ville det, som engang havde været, ikke tage ende".

1] Günter Grass: *Fortsetzung folgt ... Literatur und Geschichte.* Göttingen 1999, s. 53. Alle citater i artiklen er, såfremt de stammer fra værker i dansk oversættelse, citeret fra disse danske udgaver. Øvrige citater er i egen oversættelse.

2] Smlg. "Rede vom Verlust" (1992) og "Rede über den Standort" (1997) i: Günter Grass: *Werkausgabe* (Volker Neuhaus og Daniela Hermes, udg.). Göttingen 1997, bd. 16.

3] Günter Grass: *Skriften på muren.* København 1990, s. 38.

4] Grass: *Fortsetzung folgt,* s. 54-55.

5] "Als Schriftsteller immer auch Zeitgenosse" (1986) i: Grass: *Werkausgabe,* bd. 16, s. 179.

6] Grass: *Fortsetzung folgt,* s. 57.

7] Studiegruppen udgav deres forskningsresultater i 4 bind med forskellige udgivere, alle med overtitlen *Theorie der Geschichte. Beiträge zur Historik.*

8] Interview i *Frankfurter Allgemeine Zeitung,* 7. oktober 1995, i: Oskar Negt: *Der Fall Fonty.* Göttingen 1996, s. 450.

9] Følgende sidetal i parentes henviser til Günter Grass: *En længere historie.* København 1996.

10] Smlg. udvalget af anmeldelser i Negt: *Der Fall Fonty,* der også indeholder debatindlæg og interviews med Grass i forbindelse med udgivelsen af *En længere historie.*

11] De følgende citater uden sideangivelse er fra kapitel 14 og 15 i *En længere historie,* s. 203-218.

12] Talemåden "ein weites Feld" og ordet "Feld" optræder som ledemotiv mange steder i mange forbindelser i romanen. Der skabes således et helt betydningskompleks om disse ord, som rækker langt videre end det her sagte, der kun mønter sig på bryllupsscenen og ikke sigter efter at behandle titelcitat udførligt. Se dertil f.eks. Dieter Stolz: "Nomen est Omen. *Ein weites Feld* von Günter Grass" i: *Zeitschrift für Germanistik.* Neue Folge, Heft 2, s. 321-335 og Rolf Geissler: "Ein Ende des 'weiten Feldes'" i: *Weimarer Beiträge,* 45, 1, 1999, s. 65-81.

13] Interview med *Stern,* 17. august 1995, i: Negt: *Der Fall Fonty,* s. 412.

14] Grass reflekterer og afprøver tidsbegrebet "Vergegenkunft" konsekvent for første gang i *Aus dem Tagebuch einer Schnecke.* Neuwied 1972; *Af en snegls dagbog.* København 1973.

15] Milan Kundera: *Romankunsten.* København 1987, s. 21.

16] Interview med *Stern,* 31. august 1995, i: Negt: *Der Fall Fonty,* s. 426.

17] Michail Bachtin: *Die Ästhetik des Wortes.* Frankfurt am Main. 1979, s. 191.

18] Grass markerer i den tyske udgave lånet af Hoftaller-figuren fra Schädlichs *Tallhover* med en note bagerst i bogen, som dog ikke er medtaget i den danske udgave.

19] Smlg. interview med Grass i *Frankfurter Allgemeine Zeitung* (jf. note 8) i Negt: *Der Fall Fonty,* s. 450.

20] Upubliceret samtale med Jörg-Dieter Kogel og Harro Zimmermann, Radio Bremen, 1999, i rækken "Günter Grass auf Radio Bremen 2". Tilgængelig på http://www.radiobremen.de/online/grass/ interviews/jahrhundert.shtml (pr. 1.1.2001).

21] Ved citering i artiklen fra *Mit århundrede* henvises der for læsbarhedens skyld ikke til nogen sidetal, da citaterne angives i forbindelse med deres respektive (samt meget korte og overskuelige) kapitler.

22] Den illustrede udgave findes ikke i dansk oversættelse.

23] Walter Benjamin: "Der Erzähler" i: Walter Benjamin: *Gesammelte Schriften* (Rolf Thiedemann og Hermann Schweppenhäuser, udg.). Frankfurt am Main 1977, II.2. Dansk: Walter Benjamin: *Fortælleren og andre essays* (Peter Madsen, red.). København 1996.

24] Smlg. Richard T. Vann: "Turning Linguistic: History and Theory and *History and Theory,* 1960-1975" i: Frank Ankersmith og Hans Kellner: *A New Philosophy of History.* Chicago 1995.

25] Jf. det indledende metodekapitel i Hayden White: *Metahistory.* Baltimore 1972, s. 1-42.

26] Dominick LaCapra: "History, Language and Reading: Waiting for Crillon" i: *The American Historical Review,* 100, 3, 1995, s. 809-811.

27] Rupprecht Leppla: "Chronikalische Erzählung" i: Werner Kohlschmidt og Wolfgang Mohr (udg.): *Reallexikon der deutschen Literaturgeschichte.* Berlin 1958, s. 220f.

28] Smlg. interview med *Stern,* 17. august 1995, i: Negt: *Der Fall Fonty.*

29] Smlg. Hayden White: "Historical Emplotment and the Problem of Truth" i: Saul Friedlander (udg.): *Probing the Limits of Representation. Nazism and the 'Final Solution'.* Cambridge 1992.

Günter Grass og hans oversættere

En kort og ufuldstændig beretning om en hjemmeindustri

Af Per Øhrgaard

En oversætter af Günter Grass' værker er ikke den ringest stillede i verden. Siden 1978 har Grass ofte samlet sine oversættere til et seminar, når en ny bog er udkommet; ved et par af de seneste udgivelser er det endda sket, mens bogen endnu kun forelå i manuskript eller i rentryk. Udgangspunktet for Grass var ifølge hans eget udsagn, at læsere eller kritikere havde sat spørgsmålstegn ved kvaliteten af nogle af de tidlige oversættelser af hans bøger. Det var jo ikke så heldigt, især ikke i betragtning af, at *The Tin Drum* var begyndelsen til Günter Grass' verdensberømmelse. Grass kunne ikke vurdere påstandens rigtighed – og den er heller ikke blevet undersøgt i forbindelse med dette bidrag! – men han tænkte, at han under alle omstændigheder kunne minimere risikoen for dårlige oversættelser ved at gennemgå sine bøger med deres oversættere.

Det var ingen selvfølge. For det første skal en forfatter have lyst til at mødes med en flok oversættere, for det andet skal der skabes mulighed for det. Mange forfattere er aldeles uinteresserede i at diskutere et én gang afsluttet værk: De er færdige med det, det kommer dem ikke ved mere. En sådan type er Grass ikke: Han har et meget håndværkspræget forhold til sin egen virksomhed, måske ikke uden sammenhæng med, at han er uddannet både som stenhugger – gravsten m.m. – og som skulptør og grafiker, altså har besøgt akademier, lært sin kunst i et organiseret uddannelsesforløb, hvad forfattere sjældent gør. Grass er ikke færdig med sine bøger, når de er udkommet, og han holder også meget af at læse op af dem. Hans to mest omfangsrige romaner, *Die Blechtrommel* (*Bliktrommen*) og *Ein weites Feld* (*En længere historie*), findes begge i komplette indlæsninger ved forfatteren; det samme gør *Das Treffen in Telgte* (*Mødet i Telgte*).

Ideen til et møde mellem forfatter og oversættere var altså forfatterens egen. Men dernæst skulle et oversættermøde organiseres og finansieres. I 1970'erne udkom Günter Grass på forlaget Luchterhand, og han stillede som betingelse for at skrive kontrakt om *Der Butt* (*Flynderen*), at forlaget arrangerede en uges oversættermøde med indkvartering og bespisning, samt at det forpligtede de udenlandske forlag, der ville købe bogen, til at betale oversætternes rejseudgifter. Grass vidste, at han kunne tillade sig at stille disse betingelser; intet forlag ved sine fulde fem ville lade en kontrakt med ham strande på det. Han vidste også, at en lille håndfuld andre tyske forfattere kunne tillade sig noget lignende, og med den for ham karakteristiske missionsiver opfordrede han offentligt Siegfried Lenz og Heinrich Böll til at følge hans eksempel (hvad de ikke gjorde).

Pointen for Grass lå nemlig ikke kun i at afholde et sådant møde til forfatterens gavn og glæde. Det drejede sig for ham i lige så høj grad om at sætte lys på oversætternes ofte oversete arbejde. Ved slutningen af det første oversættermøde, da alle havde spist sig mætte i Grass' fiskesuppe, kom han hen til den hollandske og den danske oversætter og spurgte: Nå, har I fået lavet jeres resolution? Vi måbede, og Grass fortsatte: I tror da ikke, at I skal være de eneste, der skal have sjov ud af dette her! I burde forfatte en resolution, som opfordrer forfattere og især deres forlag til at arrangere møder som disse meget oftere, det vil gavne kvaliteten af oversættelser, men det vil også gavne jeres sociale og økonomiske status! En sådan missionsbefaling kunne man ikke sidde overhørig, så hollænderen og jeg trak os skyndsomst tilbage og forfattede en resolution, som alle underskrev, og som dagen efter blev sendt ud som pressemeddelelse, uden at det fik nogen synlig virkning.

Men mødet selv var i og for sig synligt nok, og mediedækningen var ikke ringe. Bl.a. sad Dieter E. Zimmer fra *Die Zeit* tålmodigt og lyttede hele ugen igennem for bagefter at skrive en beretning til sit blad; Hessischer Rundfunk interviewede Grass og et par af oversætterne, TVs kulturprogram sendte fra en offentlig oplæsningsaften i forbindelse med oversættermødet. Så megen opmærksomhed varer naturligvis ikke ved, men møderne er stadigvæk genstand for en vis interesse fra især radioen: En samtale med et par oversættere passer fortrinligt til det daglige kulturmagasin. Og i 1995 arrangerede Grass' nye forlag, Steidl, på bogmessen i Frankfurt et pressemøde med en række oversættere og ikke-tyske forlæggere. Romanen *Ein weites Feld* var netop udkommet og blevet rakket ned af en stor del af den tyske kritik, men den italienske forlægger Inge Feltrinelli holdt triumferende et nummer af avisen *La Repubblica* frem med en stor overskrift: "Tyskere! I har aldrig forstået jeres Günter Grass."

Oversættermødernes rolleliste har ændret sig lidt gennem årene. Ved det første møde præsiderede den daværende formand for det vesttyske oversætterforbund, Klaus Birkenhauer, ved senere møder har det været repræsentanter for Grass' forlag, til og med *Unkenrufe* (*Ildevarsler*, 1992) Luchterhand, derefter Steidl; ved de seneste møder har Grass' faste "Lektor", dvs. tekstredaktør, Helmut Frielinghaus ført forsædet. Møderne har fundet sted i Frankfurt eller i Göttingen (på Steidl Verlag), en enkelt gang på Grass' bopæl syd for Lübeck – det var i overgangsperioden mellem det ene og det andet forlag.

Forløbet af møderne er så banalt, som tænkes kan. Man blader bogen igennem fra første til sidste side, mødelederen spørger, om der er problemer, og oversætterne melder sig med dem, de nu måtte have. Der er sund fornuft i banaliteten. Günter Grass' stil skaber helt forskellige problemer, alt efter hvilket sprog den skal oversættes til, og det tjener ikke noget formål på forhånd at søge at udpege specielle vanskeligheder og gennemgå dem systematisk. Den faste spørgen kan varieres: Det sker således hyppigt, at Grass læser en passage op for at tydeliggøre dens diktion, eller nogle oversættere har løst – eller mener at have løst – et problem, andre slås med, og blander sig i snakken med deres resultater. Der er i reglen stor forskel på, hvor langt oversætterne er kommet med deres arbejde, afhængigt dels af, hvor hurtige deres forlag har været til at købe rettighederne, dels af hvor hurtigt de selv arbejder. Enkelte har medbragt næsten færdige manuskripter til møderne, andre – de fleste – er ikke begyndt endnu, men har naturligvis læst bogen og peget de første mange problemsteder ud, hvorefter de så kan høre deres mere fremskredne kolleger spørge om endnu flere.

Men selvom forløbet af oversættermøderne grundlæggende er det samme fra gang til gang, er der sket en betragtelig professionalisering af dem. Da man mødtes om *Der Butt* i 1978, fik man et par henvisninger til de bøger om Danzigs og om ernæringens historie, som Grass havde konsulteret, i tilgift vist nok også et par fotos fra det gamle Danzig. Et par år efter, ved *Das Treffen in Telgte*, blev der udleveret nogle tekster af (nogle af) de 1600-talsdigtere, der var omtalt i bogen. Da *Die Rättin* (*Rottesken*) blev gennemgået, i 1986, var der lidt mere noteapparat, til *Unkenrufe* (1992) behøvedes ikke så meget, men *Ein weites Feld* (1995) var også i den henseende en større mundfuld. Der forelå kort over Berlins Tiergarten og en reproduktion af Max Liebermanns tegning af Theodor Fontane samt forskellige data og henvisninger. Grass havde fået en ung germanist, Dieter Stolz, som også er ophavsmand til to af denne bogs artikler, til at lave research på Fontane-arkivet i Potsdam, thi som han sagde: Jeg kunne ikke møde op selv, uden at hele romanplanen straks var blevet offentlig. En enkelt gang havde Grass aflagt besøg på Treuhandanstalt i Berlin for at kunne beskrive den mastodontagtige bygning også indefra, og straks havde der gået allehånde rygter om, hvad han mon nu stod i begreb med at investere i ... Med sit fysiognomi kan Günter Grass ikke regne med at bevæge sig inkognito ret mange steder.

Det største noteapparat blev udleveret, da oversætterne i april 1999 mødtes i Göttingen for at gennemgå *Mein Jahrhundert* (*Mit århundrede*). Denne gang havde Günter Grass ansat en historiker, Olaf Mischer, til at lave research til bogen, dvs. til at komme med "Unterfutter", som Grass selv ville sige, til de historier, forfatteren skabte på grundlag af sin egen historiske viden og sin fantasi. Specifikationerne på luftskibet LZ 126 skulle naturligvis være korrekte ligesom resultatet af finalen i det første altyske fodboldmesterskab, de nærmere omstændigheder ved folkevognsfabrikkernes erstatningsaftale med de småsparere, hvis sparemærker ikke var meget værd efter 1945, eller det mere præcise forløb af Kessler-tvillingernes karriere.

Oversætterne fik altså udleveret en diger mappe med baggrundsoplysninger til alle historierne i *Mein Jahrhundert*, med fotos – f.eks. af Völkerschlachtdenkmal i Leipzig – og med indholdsoversigter.

Der er forskel på, hvor stor brug de enkelte oversættere har for den slags materiale. For der er jo forskel både på deres uddannelse og deres geografiske placering. Det kan se sådan her ud (men gør det ikke nødvendigvis; det følgende skal ses som et illustrativt eksempel, ikke som en dokumenteret beskrivelse): Den koreanske oversætter sidder langt borte fra Tyskland, men er til gengæld germanist af uddannelse, thi i Korea er det kun professionelle germanister, der kan tysk. Altså ved koreaneren muligvis en masse om tysk historie, som f.eks. den finske oversætter ikke ved, fordi hun ganske vist bor meget tættere på Tyskland, men til gengæld ikke har studeret faget i bredere forstand. Men så kan det være, at hun selv er et stort episk talent, som er meget mere kongenial med Grass end koreaneren (den mangeårige italienske oversætter meldte på et tidspunkt fra: Nu ville hun skrive sine egne bøger!) osv.

Den ideelle kombination kunne jo så være en germanist i et naboland til Tyskland. Den kombination forefindes f.eks. hos den danske oversætter, men det er bestemt ikke sikkert, at der kommer bedre oversættelser ud af det. Den fordel han kan have ved at vide mere om Grass' emner og baggrund end de andre, kompenseres jo i vid udstrækning ved det materiale, som produceres til glæde for alle – og hvem ved, om ikke netop hans megen lærdom kan føre ham på afveje? En mere eller mindre "lærd" oversætter kan føle sig fristet til at forklare eller tydeliggøre for meget, sådan som oversættere jo i det hele taget kan føle sig fristet til at gøre en bog nemmere på deres sprog, end den er på sit eget. Mon danskerne nu også ved nok om Danzig, eller om Theodor Fontane? Det gør de næppe, men det gør de *tyske* læsere i reglen heller ikke. Mere om det om lidt.

Visse fordele har de nordlige oversættere dog: Vi kender Østersøen, Det baltiske Hav bedre end f.eks. japaneren eller israeleren. Når *Der Butt* eller *Die Rättin* foregår rundt om Østersøen, herunder på Møn eller Gotland, er alting umiddelbart anskueligt for nordboerne, og holder vi os til skandinaverne, har de desuden den sproglige fordel at kunne sammenligne deres oversættelser direkte (i tilfældet *Der Butt* udvekslede den daværende svenske og den danske oversætter hele manuskripter, men opdagede, at alt det væsentlige havde været diskuteret på mødet, så det eksperiment blev ikke gentaget; det var for omstændeligt). På det første oversættermøde holdt den japanske oversætter en smuk afskedstale og afslørede bl.a., at han nu "vidste alt om de europæiske oversætteres problemer" – sine egne havde han endnu tilbage at løse, f.eks. det, at arten af hans skriftsprog ikke gav de samme muligheder for at diffe-rentiere de historiske sprogtrin som de europæiske sprog – unægtelig noget, der spiller en rolle i *Der Butt*.

Hvilke oversættere er i det hele taget til stede? Det afhænger, som allerede nævnt, af det tempo, hvori rettigheder til oversættelse af Grass sælges til de forskellige lande, men også af, om oversætterne har lyst og tid til samt mod på at være med – eller om de kan komme til det! Den polske oversætter kunne således først deltage efter Østeuropas åbning, for indtil da var Grass på polsk mest af alt en samisdat-historie.

Kredsen af oversættere har derfor heller ikke været den samme fra gang til gang. Kun den finske, den norske og den danske oversætter har deltaget i alle møderne, andre lande er kommet til eller gået fra, i atter andre er oversætte-ren ikke mere den samme, hvad der igen kan have flere grunde – dødsfald er en af dem. Ralph Manheim, Grass' mangeårige oversætter til det angelsaksi-ske område, kom aldrig til stede, en anden veteran, franskmanden Jean Amsler, kun en enkelt gang. Tilstedeværelsen af en russisk oversætter var tid-ligere en utopi, det er det ikke mere, og ved det seneste møde var der både kinesisk og koreansk repræsentation.

Og herefter kan vi ikke længere undgå det fra begyndelsen nærliggende spørgsmål: Hvad kan disse personer overhovedet have at sige hinanden? Er der anden mening i at bringe dem sammen end at spare forfatteren for at skul-le tale med dem enkeltvis? Deres sprog er højst forskellige, deres kvaler med det tyske ligeså, nogle har måske (som danskeren) et stærkt beslægtet ordfor-råd, men en helt anden syntaks i deres sprog, andre kunne tænkes at have det omvendt, de fleste står det tyske fjernt i alle henseender. Er deres problemer overhovedet de samme, og kan de overhovedet lære noget af hinanden?

På underfuld vis kan de. Naturligvis kan Günter Grass ikke løse deres problemer for dem. Han taler ikke alle fremmedsprog, og selvom han gjorde, ville han ikke begynde at oversætte sig selv. Oversætterne kan heller ikke løse hinandens problemer direkte. Men de kan ofte hjælpe hinanden indirekte: En oversætter peger på et problem, som andre måske har overset, skønt det også burde være et problem for dem. Og forfatteren på sin side viger som den håndværker, han er, ikke tilbage for at forklare en særlig indviklet sætning eller et ordspil, hvilket atter alle kan have fornøjelse af.

Der er derfor altid en særdeles god stemning på oversættermøderne. For det første er oversætterne ikke kommet for at kritisere forfatteren, men for at forstå ham bedre: Det er noget, Günter Grass i lyset af den tiltagende nedrakning af ham i dele af den tyske kritik er kommet til at sætte stadig større pris på. For det andet er oversætterne ikke hinandens konkurrenter: De betjener hver sit marked. En sjælden gang vil nogen måske finde på at sammenligne dem i en ph.d.-afhandling, men de behøver ikke at kappes. De kan tværtimod hjælpe hinanden, og de kan give sig blottelser uden at blive ålet for det. Det svarer til den ubesværethed, man ofte kan opleve i tværfaglige forskningsprojekter, men ikke så ofte i projekter, hvis deltagere alle er fra samme fag.

En sjælden gang kan oversætterne også hjælpe forfatteren, nemlig når mødet holdes inden bogens udgivelse på tysk. Det sker, at både forfatter og forlag har overset en huskefejl, så der den første gang står Vladimir og den anden gang Vladislav eller omvendt, men her viser oversættere sig som de grundigste læsere af alle; de skal jo igennem bogen ord for ord, og de fanger den slags. I manuskriptet til *Unkenrufe* hed et af de polske medlemmer af bestyrelsen for det såkaldte "Friedhofsgesellschaft" Pelczar; men den polske oversætter bemærkede, at dette navn ikke forekom ham særlig polsk. Ja, hvad ville han da foreslå? spurgte Grass. Polakken tænkte sig lidt om og sagde så: "Hvad med Marczak, det synes jeg lyder bedre." Der var lige tid til at ændre navnet i den sidste korrektur. Ved andre lejligheder er oversætternes argumenter ikke tilstrækkelige. Jeg stødes således stadigvæk af en sætning i *Mein Jahrhunderts* historie fra 1953 (om opstanden i DDR), hvor der står: "Die Toten im Osten jedoch waren erschossen, gelyncht, hingerichtet worden." ("De døde i øst derimod var blevet skudt, lynchet, henrettet.") Jeg syntes, at denne omtale af de (få) lynchninger af partifunktionærer midt mellem nedskydningen af demonstranter og de senere henrettelser af angivelige bagmænd ufrivilligt kom til moralsk at sidestille de rebelske arbejdere med statsmagten; men mine indvendinger prellede af på forfatteren, så det blev stående.

Naturligvis er der massevis af problemer, som ikke kan løses på et oversættermøde; men så kan de i nogle tilfælde præciseres. I *Der Butt* overvejede jeg således, hvor ”menneskelig” man skulle gøre den talende flynder. Det tyske pronomen ”er” har den fordel at være det samme, hvad enten man taler om en person, et dyr eller en ting, mens man på dansk må vælge mellem ”den” og ”han”. Jeg endte med at skrive ”den”, fordi ”han” alligevel forekom for kæledyrsagtigt, selvom vi havde at gøre med et eventyr, men skrev til gengæld konsekvent Flynderen med stort F som egennavn.

Mere indviklet kan det blive, når man medtænker den såkaldte ”kulturelle kontekst”, hvilket man på den ene side naturligvis altid skal, men på den anden side skal være forsigtig med, fordi det som nævnt ovenfor kan forlede én til at komme med for mange velmente, men malplacerede forklaringer. I *Die Rättin* optræder en ”Baumkuchen”, som er noget ganske særligt og samtidig temmelig uoversætteligt. Man *kunne* jo skrive kransekage, som har samme festfunktion i Danmark som en Baumkuchen i Tyskland, men nu er vi altså i Tyskland og ikke i Danmark, så associationerne ville blive forkerte – omtrent som hvis man skrev ”Dyrehaven” i stedet for ”Tiergarten”, når vi er i Berlin.

Værre er det, hvis vi hverken er i Danmark eller i Tyskland, men i Polen. Hvad gør man som dansker med de polske navne, som også har tyske former? Jeg vægrer mig den dag i dag ved at sige Wisła i stedet for Weichsel (Hvorfor svulmer Wisłafloden ...!), og jeg skriver heller ikke Gdansk for Danzig, når det gælder Günter Grass. Han er født i den by, og han har altid brugt dens tyske navn, som tidligere også var dens navn på dansk. I *Die Rättin* spiller Grass selv på de to sprog. Så længe talen er om det historiske, er alle gadenavne på tysk; når der udtrykkeligt er tale om byens nutid, er de på polsk. Men hvad så, når der bliver tale om fremtiden? – og det gør der, da rottemenneskene, ”die Watsoncricks”, indtager den neutronbombede by. Hos Grass bliver gadenavnene naturligvis igen tyske, han skriver jo sit modersmål, men på dansk? Skal man regne med, at også fremtidens Gdansk er polsk og dermed måske gøre læsningen af den danske oversættelse unødig besværlig, eller skal man vælge de tyske navne med risiko for at blive beskyldt for at være en revanchist, der tror, at Danzig atter vil blive tysk?

Ofte er det kun oversætteren, der bryder sit hoved med den slags; læserne gør det ikke, og jo mindre de har anledning til det, desto bedre. Men hvad så med de mulige forklaringer? I *Die Rättin* optræder brødrene Grimm, og dem kender vi naturligvis alle sammen; men Jacob Grimm er i romanens nutidshandling blevet minister for den tyske skovs bevaring, og det har selvfølgelig at gøre med den nærmest mytiske rolle, skoven spiller i tysk folkelig overlevering, herunder også i de af brødrene Grimm udgivne eventyr. Skal man nu prøve at smugle forklaringer af denne slags ind? Nej, det skal man ikke. Derimod kan man godt et sted, hvor Grass blot skriver "Lafontaine", skrive "den saarlandske ministerpræsident Lafontaine" (det var han dengang), så han ikke forveksles med en fransk fabeldigter fra det 17. århundrede, som måske er den eneste La Fontaine, en dansk læser kender (anno 1986! i dag ville jeg ikke forklare Lafontaine nærmere – i morgen måske igen?)

Længere end det skal man normalt ikke gå. Og længere behøver man normalt heller ikke at gå. I *Der Butt* er der et kapitel, i hvilket en flok tyske romantikere mødes og bl.a. præsenteres for eventyret om fiskeren og hans kone, altså det om den talende flynder. Arnim og Brentano, Runge osv. Det er ikke kurante navne for den moderne danske læser, altså kunne man føle sig fristet til diskret at fortælle lidt om dem. Men jo længere kapitlet skrider frem, desto tydeligere bliver det, at det skaber sin egen kontekst. Man får lige så stille mere og mere at vide, og til slut ved man nok – til at man hverken behøver fodnoter eller indskudte identifikationer.

Endnu mere udtalt er dette træk i *Das Treffen in Telgte*, men her er det i det hele taget lettere at håndtere, fordi ukendskabet til de mange omtalte digtere fra det 17. århundrede formentlig er lige så stort i Tyskland som i Danmark. Disse figurer er på forhånd langt mere fiktive for de allerfleste læsere, og en biografisk redegørelse for dem ville helt tage duften af fremstillingen, som blandt andet spiller på, at man også kan tænke sig dem som nutidige medlemmer af Gruppe 47 (omend man næppe skal oversætte dem 1:1, som det nogle gange har været forsøgt). I *Ein weites Feld* optræder der meget tidligt en masse biografiske og litteraturhistoriske data om Theodor Fontane – som stort set ingen danskere kender noget til. Da jeg gik i lag med oversættelsen af den roman, var jeg sikker på, at jeg måtte fravige mine puristiske principper og indføje diverse forklaringer, og jeg havde allerede lavet en liste over uomgængelige anmærkninger. Men jo længere jeg kom frem i romanen, desto flere numre kunne stryges af listen. Her gjaldt nemlig det samme som i eksemplet fra *Der Butt*: Konteksten skabes, efterhånden som man læser videre i romanen. Og så skal man desuden huske på det ovenfor strejfede faktum, at langt de fleste tyske læsere heller ikke umiddelbart kan stille noget op med de mange henvisninger til Fontane og hans hurra-poesi (måske snarere med henvisningerne til romanerne). Derfor skal man lade tingene stå, som de står; den danske læser skal ikke have det nemmere end den tyske. Og man skal ikke lade den "kulturelle kontekst" tage magten fra det sproglige kunstværk: Det er værkets egen kontekst, det kommer an på, ikke den emsige oversætters.

Men man kan godt have principper uden at være fanatiker, og engang imellem kan man alligevel skubbe lidt på, endda uden at antaste teksten. Til den danske udgave af *Ein weites Feld* udformede vi en klaptekst, som hjalp læseren på vej, ligesom vi indsatte Liebermanns Fontane-tegning på klappen, så man dog havde noget at holde sig til. Og bagest i den danske udgave af *Mein Jahrhundert* findes en liste over de begivenheder, der ligger bag hver enkelt historie i bogen. Listen angives at være udarbejdet af oversætteren, men stammer i virkeligheden fra det materiale, oversætterne fik uddelt på oversættermødet. Når det står, som det gør, er det for at markere, at listen ikke stammer fra Günter Grass, og den findes da heller ikke i den tyske udgave (men det er med forfatterens tilladelse, at den findes i den danske!) Det forekom mig – med rette eller urette? – at den danske læser denne gang havde krav på en anelse mere information end den tyske læser, men meget mere end en anelse får hun eller han ikke, og oplysningerne gives ikke i teksten, men uden for den; den velinformerede læser kan altså springe dem over.

Så kan der altid en anden gang komme en kommenteret udgave af *Mein Jahrhundert*, og det gør der formentlig også, hvis jeg kender Steidl Verlag ret.

Indtil videre kan situationen nærmest sammenlignes med at se på Bjørn Nørgaards dronningegobeliner: De besøgende kan få udleveret en "nøgle" til billederne, men på billederne selv er der ingen forklarende tekst.

En bekendelse til slut: Jeg har nævnt, at det ikke behøver at være en fordel at være faggermanist, når man oversætter, men at det også kan være en fejlkilde. Af samme grund har jeg altid søgt at undgå at blande tingene sammen: At oversætte har for mig måske nok været en udløber af mit virke som germanist, men i lige så høj grad et alternativ. Derfor har jeg kun en enkelt gang afholdt en øvelse om litterær oversættelse, og derfor har jeg heller aldrig systematisk samlet på eksempler og problemer eller lavet kataloger over standardoversættelser. Jeg siger ikke, at det ville være forkert at gøre det, kun at jeg ikke har følt trang til det. Det er grunden til, at jeg i forbindelse med dette bidrag ikke har kunnet gribe tilbage på et righoldigt arkiv, men har holdt mig til eksempler, jeg kunne huske, bl.a. fordi jeg med respekt at melde har brugt nogle af dem før.[1]

NOTER

1] "Der Übersetzer als interkultureller Vermittler" i: Klaus Bohnen (red.): *Aspekte interkultureller Germanistik in nordischer Sicht,* Text & Kontext, Sonderreihe 23, København/München 1987, s. 73-80. – "On Translating Günter Grass" i: Pramod Talgeri & S.B. Verma (red.): *Literature in Translation. From Cultural Transference to Metonymic Displacement.* Bombay 1988, s. 187-193.

Kort bibliografi
over Günter Grass' værk

Såfremt værkerne er oversat til dansk, er den danske titel anført i parentes efter den tyske.

1956: *Die Vorzüge der Windhühner.* Digte og grafik

1959: *Die Blechtrommel (Bliktrommen).* Roman

1960: *Gleisdreieck.* Digte og grafik

1961: *Katz und Maus (Kat og mus).* Novelle

1963: *Hundejahre (Hundeår).* Roman

1966: *Die Plebejer proben den Aufstand. Ein deutsches Trauerstück.* Teaterstykke

1969: *örtlich betäubt (lokalbedøvet).* Roman

1972: *Aus dem Tagebuch einer Schnecke (Af en snegls dagbog).*

1977: *Der Butt (Flynderen).* Roman

1979: *Das Treffen in Telgte (Mødet i Telgte).* Fortælling

1980: *Kopfgeburten oder die Deutschen sterben aus.*

1986: *Die Rättin (Rottesken).* Roman

1988: *Zunge zeigen (Række tunge).* Tekst og tegninger fra Calcutta

1990: *Deutscher Lastenausgleich. Wider das dumpfe Einheitsgebot. Reden und Gespräche (Skriften på muren).*

1992: *Unkenrufe (Ildevarsler).* Fortælling

1993: *Novemberland.* Digte

1995: *Ein weites Feld (En længere historie).* Roman

1997: *Fundsachen für Nichtleser.* Digte og akvareller

1999: *Mein Jahrhundert (Mit århundrede).*